Christa Koppensteiner, Christl Meixner

Lese- und Lernprofi 2

Sinnerfassend lesen lernen mit Fredi, der Leseratte

Mildenberger

Ein Großteil der Lerntipps in den „Lese- und Lernprofi"-Bänden stammt aus den Büchern:

„Easy Learning 1", Lerngrundlagen – Wie Lernen funktioniert

„Easy Learning 2", Lerntechniken – So lerne ich erfolgreich

„Easy Learning 3", Die Praxis – Lernen in den Fachgegenständen

von Christa Koppensteiner, Bildungsverlag Lemberger, Wien 2006

Lese- und Lernprofi 2

Sinnerfassend lesen lernen
mit Fredi, der Leseratte

Originalausgabe
Bildungsverlag Lemberger
Pointengasse 21 - 23/11
A - 1170 Wien
www.lemberger.at

Bestell-Nr. 2406-40 · ISBN 978-3-619-24640-3

www.mildenberger-verlag.de
E-Mail: info@mildenberger-verlag.de

8. Auflage 2025

Redaktion: Dr. Mirja Piltz
Grafik: Mildenberger Verlag GmbH
Illustrationen: Elisabeth Lottermoser, 33334 Gütersloh
Druck: AZ Druck und Datentechnik GmbH, 87437 Kempten
Gedruckt auf umweltfreundlichen Papieren

www.mildenberger-verlag.de

Inhalt

Inhalt

Textverständnis; Anweisungen aus einem Text entnehmen

Textverständnis; Sinnzusammenhang

Textverständnis; genaues Lesen; Konzentration

Textverständnis; Lesesicherheit; Erweiterung des Wortschatzes

Inhalt

Herzlich willkommen!

Ich bin Fredi, die Leseratte, und begleite dich durch dieses Heft! Gleich zu Beginn lernst du Lena und Florian kennen und das Geheimnis des guten Lesens.

Nachdem du das Geheimnis erfahren hast, geht's los mit dem Lesetraining. Am Ende des Schuljahres wirst du dann eine richtige Leseratte sein.

Ich wünsche dir viel Spaß!
Dein Fredi

Übung 1

Der Lesemuffel

Lena und Florian gehen in die 2. Klasse. „Wie viele Bücher habt ihr in den Ferien gelesen?“, fragt die Lehrerin. Lena hat zehn Bücher gelesen. Florian hat gar kein Buch gelesen. „Wieso willst du eigentlich nicht lesen?“, fragt Lena Florian. „Och, Lesen ist doch langweilig“, antwortet er. „Habe ich eine Seite gelesen, weiß ich schon nicht mehr, was ich gelesen habe.“ „Wenn du mir das Fußballspielen beibringst, dann zeige ich dir, wie du dir merken kannst, was du gelesen hast“, schlägt Lena vor. Florian ist einverstanden.

1. Wie viele Bücher hat Florian in den Ferien gelesen? Kreuze die richtige Antwort an.

a) zehn ☐
b) zwei ☐
c) gar keines ☐

2. Was will Lena Florian beibringen?

a) das Rechnen ☐
b) wie er sich merken kann, was er gelesen hat ☐

3. Was ist ein Lesemuffel?

a) jemand, der sehr gerne liest ☐
b) jemand, der ungern liest ☐

Übung 2

Das Geheimnis des guten Lesens

Florian und Lena sitzen gut gelaunt im Garten auf dem Apfelbaum. „Du wolltest mir doch sagen, wie ich mir merken kann, was ich gelesen habe?“, drängt Florian. „Du willst es wirklich wissen“, stellt Lena zufrieden fest. „Also gut, ich verrate dir das Geheimnis des guten Lesens. Wer gut liest, liest viel. Wer gut liest, macht sich Bilder im Kopf. Wer gut liest, stellt sich alles lebhaft vor.“ „Oh, das klingt spannend“, meint Florian. „Kannst du mir das noch genauer erklären?“

1. Wo sitzen Florian und Lena?
   Kreuze die richtige Antwort an.

a) im Gartenhaus ▢
b) auf dem Apfelbaum ▢
c) auf der Gartenbank ▢

2. Was ist das Geheimnis des guten Lesens?

a) Wer gut liest, liest viel, macht sich Bilder im Kopf und stellt sich alles lebhaft vor. ▢
b) Wer gut liest, sitzt oft auf einem Apfelbaum. ▢
c) Wer gut liest, sitzt oft vor dem Fernseher. ▢

Übung 3

Florian macht sich Bilder im Kopf

„Wie macht man sich denn Bilder im Kopf?“, fragt Florian. „Das geht eigentlich ganz automatisch“, antwortet Lena. „Wir denken nämlich in Bildern. Pass auf, ich zeige es dir. Schließe deine Augen und stell dir das vor, was ich zu dir sage:

Denke an einen roten Apfel. Kannst du ihn in deinem Kopf sehen?“, fragt Lena.
„Klar“, sagt Florian.

„Denke nun an eine Banane. Hast du ein Bild in deinem Kopf?“ „Sicher“, sagt Florian.

„Denke nun an einen Baum und dann an einen Schneemann.“ „Ja, alles klar“, sagt Florian. „Das kann ich mir alles gut vorstellen.“

„Kannst du dir auch einen Hund vorstellen und eine Katze?“, fragt Lena.
Natürlich kann Florian das.

Du kannst das auch. Stell dir nun einen Hund und eine Katze vor.

Frag deinen Lehrer oder deine Lehrerin, wenn du etwas nicht verstanden hast.

1. Was muss Florian machen, damit er sich merkt, was er gelesen hat?
   Kreuze die richtige Antwort an.

a) Er muss sich Bilder im Kopf machen. ☐

b) Er muss zeichnen. ☐

2. Florian hat sich verschiedene Sachen vorgestellt.
   Nummeriere die Bilder in der richtigen Reihenfolge.

Vergiss nicht, dir alles, was du liest, in deinem Kopf vorzustellen!

3. Male den Apfel rot an.
   Die Banane soll gelb werden.
   Male die anderen Bilder auch bunt an.

Übung 4

Florian stellt sich Bilder mit Tönen und Geräuschen vor

„Nun machen wir die Bilder noch ein wenig lebendig“, sagt Lena. „Stell dir nun einen Zug vor. Kannst du ihn sehen? Kannst du sein Pfeifen hören? Kannst du das Rattern der Räder hören?“ „Ja, sicher“, antwortet Florian begeistert. „Das ist fast so, als würde er hier wirklich vorbeifahren.“

„Gut“, sagt Lena. „Dann stell dir doch jetzt einen Bauernhof vor. Auf dem Bauernhof wohnen Rinder, Schweine, Schafe und Hühner. Kannst du den Bauernhof mit seinen Tieren in deinem Kopf sehen? Und kannst du auch hören, wie es dort zugeht? Wie die Schafe blöken, die Hühner gackern und die Schweine grunzen?“
Natürlich kann Florian das.

Mache dir beim Lesen Bilder im Kopf! Stell dir deine Bilder mit Geräuschen und Tönen vor!

1. Du kannst das auch.
   Stell dir nun lebhaft vor, wie es auf einem Bauernhof zugeht.

2. Was fügt Florian seinen Bildern im Kopf hinzu?
   Kreuze die richtige Antwort an.

a) Geräusche und Töne ☐
b) Farben ☐

Übung 5

Florian stellt sich Bilder und Gefühle vor

„Das funktioniert ja wirklich gut“, stellt Florian zufrieden fest. „Ja, dann lass uns weitermachen“, sagt Lena. „Nun bringen wir Gefühl in unsere Bilder. Stell dir nun vor, du liegst am Strand im warmen Sand. Die Sonne scheint. Der Wind streicht sanft über deine Haut. Eine Welle taucht deine Zehen ins kalte Wasser.“

„Hmm, das klingt wunderbar“, seufzt Florian. „Da komme ich ja so richtig in Urlaubsstimmung.“

„Kannst du die Sonne und den Sand auf deiner Haut spüren?“, fragt Lena. „Kannst du den Wind spüren und das kühle Wasser auf deinen Zehen? Und kannst du auch hören, wie das Meer rauscht und der Wind bläst?“
Natürlich kann Florian das.

Mache dir beim Lesen Bilder im Kopf! Stell dir deine Bilder mit Geräuschen und Tönen und Gefühlen vor!

1. Du kannst das auch.
   Stell dir nun vor, dass du an einem Strand liegst.
   Fühle Sand und Sonne auf deiner Haut.

2. Wie stellt sich Florian seine Bilder vor?
   Kreuze die richtige Antwort an.

a) mit Gefühlen ▢
b) ganz klein ▢
c) ganz groß ▢

Übung 6

Florian stellt sich Bilder mit Geruch und Geschmack vor

„Wenn du einen Text liest, dann machst du dir Bilder im Kopf, dazu hörst du die Töne und Geräusche und du fühlst dich in die Geschichte ein. Außerdem solltest du noch daran denken, wie die Sache riecht und schmeckt, von der du liest“, erklärt Lena.

„Lass uns das gleich wieder ausprobieren. Stell dir nun ein Stück Käse vor. Kannst du es in deinem Kopf sehen? Kannst du es riechen? Und nun stell dir vor, wie du den Käse isst. Kannst du ihn schmecken?“
Natürlich kann Florian das.

1. Und du kannst das auch.
   Stell dir nun lebhaft vor, wie du ein Stück Käse isst.

2. Womit stattet Florian seine Bilder im Kopf aus?
   Kreuze die richtige Antwort an.

a) mit einem Signalton ▢

b) mit Geruch und Geschmack ▢

Übung 7

Übung macht den Meister

Florian und Lena haben es sich im Garten gemütlich gemacht. „Jetzt müssen wir nur noch üben. Wie du dir merken kannst, was du gelesen hast, weißt du ja jetzt“, erklärt Lena. „Ich lese dir nun eine Geschichte vor, und du stellst dir alles lebhaft vor.“

Florian hört aufmerksam zu, während Lena vorliest:

Eine lustige Schneeballschlacht

„Wollt ihr eine Schneeballschlacht machen?“, fragt der Lehrer die Kinder der 2. Klasse. Alle jubeln begeistert. Schnell ziehen sie sich an und schon geht es los. Klaus zielt auf Lisa und Lisa zielt auf Leo. Doch oh Schreck, der Schneeball trifft nicht Leo, sondern Herrn Berger, den Lehrer. Lisa stammelt betroffen eine Entschuldigung. Herr Berger nimmt es mit Humor und zwinkert Lisa zu. „Macht nichts“, sagt er. „Das kann schon mal passieren.“

„Ich kann mir das alles wirklich lebhaft vorstellen", sagt Florian. „Es ist fast so, als wäre ich selbst bei der Schneeballschlacht dabei. Nur das Wort ‚zwinkern' verstehe ich nicht."

„Wenn dir ein Wort unklar ist, dann fragst du am besten deinen Lehrer, deine Lehrerin oder deine Eltern, was es bedeutet", erklärt Lena.

„In unserem Fall kann ich dir weiterhelfen. Wenn ich ein Auge zudrücke, dann zwinkere ich dir zu."

„Ach so", sagt Florian, „jetzt verstehe ich."

1. Was soll Florian machen, wenn er ein Wort nicht versteht?
   Kreuze die richtige Antwort an.

a) das Wort vergessen ▢
b) seinen Lehrer, seine Lehrerin oder seine Eltern fragen, was es bedeutet ▢

2. Was heißt „mit voller Aufmerksamkeit lesen"?

a) beim Lesen auch fernsehen ▢
b) sich beim Lesen mit anderen unterhalten ▢
c) sich nur auf das konzentrieren, was man liest ▢

Übung 8

Lesen ist wie ein Gedanken-Abenteuer

Lena trifft sich mit Florian auf dem Fußballplatz, um mit ihm eine Runde zu spielen. „Die Übungen haben Spaß gemacht“, gesteht Florian. „Fast so viel Spaß wie Fußballspielen.“ Weil Florian gerade nicht aufpasst, nutzt Lena die Gelegenheit und schießt den Ball ins Tor. Das ist ihr bisher noch nie gelungen. Vor Freude tanzt sie wild herum.

„Juhu, juhu, ich hab ein Tor geschossen“, johlt sie und da muss Florian auch lachen, bei so viel Begeisterung.

„Kannst du denn noch mal wiederholen, was du über das Lesen gelernt hast?“, fragt Lena, nachdem sie sich wieder etwas beruhigt hat. „Kannst du mir das Geheimnis des guten Lesens verraten?“ Natürlich kann Florian das.

Vergiss nicht: Mache dir beim Lesen Bilder im Kopf! Stell dir deine Bilder mit Geräuschen und Tönen, mit Gefühlen, mit Geruch und Geschmack vor!

Kannst du das auch?
Dann wiederhole.
Die nächste Seite hilft dir dabei.

Was machst du, um gut zu lesen?
Kreuze die richtigen Antworten an.

a)

Du machst dir Bilder im Kopf. ☐

b)

Du stellst dir deine Bilder mit Tönen und Geräuschen vor. ☐

c)

Du stellst dir deine Bilder mit Gefühlen vor. ☐

d)

Du stellst dir deine Bilder mit Geruch und Geschmack vor. ☐

e)

Du stellst Fragen, wenn du ein Wort nicht verstanden hast. ☐

Und nun auf zum Lesetraining!
Denn nur Übung macht den Meister.

Viel Spaß!
Dein Fredi

Stell dir nun den Textinhalt genau vor! Du musst die Fahrzeuge in deinem Kopf sehen!

Übung 1

Auf dem Parkplatz steht ein grünes Auto. Links neben dem grünen Auto steht ein weißes Auto. Rechts neben dem grünen Auto steht ein blaues Auto.

1. Kreuze an, in welcher Reihenfolge die Autos stehen, und male sie an.

a) weiß, blau, grün ☐
b) weiß, grün, blau ☐
c) blau, weiß, grün ☐

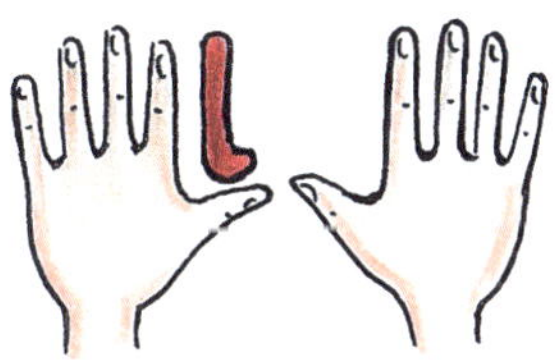

Auf dem Parkplatz steht ein violetter Lastwagen. Rechts davon steht ein roter Lastwagen und links davon steht ein grüner Lastwagen.

2. Kreuze an, in welcher Reihenfolge die Lastwagen stehen, und male sie an.

a) rot, grün, violett ☐
b) rot, violett, grün ☐
c) grün, violett, rot ☐

Stell dir nun wieder den Textinhalt genau vor! Sieh die Farben der Hüte in deinem Kopf!

Im Zirkus treten drei Clowns mit verschiedenen Hüten auf.
Der Clown in der Mitte trägt einen grünen Hut.
Der Clown links außen hat einen blauen Hut auf.
Der Clown rechts außen trägt einen roten Hut.

3. Welche Farben haben die Hüte der Clowns? Wähle die richtige Reihenfolge und male die Hüte an.

a) rot, grün, blau ☐
b) blau, grün, rot ☐
c) grün, blau, rot ☐

Drei Damen tragen verschiedene Hüte.
Die Dame in der Mitte trägt einen grünen Hut.
Die Dame rechts außen trägt einen roten Hut.
Die Dame links außen trägt einen gelben Hut.

4. Welche Farben haben die Hüte der Damen? Wähle die richtige Reihenfolge und male die Hüte an.

a) grün, rot, gelb ☐
b) grün, gelb, rot ☐
c) gelb, grün, rot ☐

Stell dir nun den Textinhalt vor! Höre die Stimmen und Klänge!

Übung 2

Julia, Manuela und Thomas machen Musik

Julia spielt Gitarre und singt mit ihrer Freundin Manuela ein Lied. „Ihr singt so schön“, schwärmt Julias Mama. „Es ist eine Freude euch zuzuhören. Bitte spielt doch noch einmal mein Lieblingslied.“ Julias kleiner Bruder Thomas schaut zur Tür herein. „Ich begleite euch mit meinem Schlagzeug“, verkündet er. Gleich darauf schlägt er einen wilden Trommelwirbel. Julia und Manuela halten sich die Ohren zu. „Hör auf! Hör sofort auf! Das ist ja nicht zum Aushalten“, schreit Julia. Und Julia muss ziemlich laut schreien, um den Lärm zu übertönen, den ihr Bruder auf dem Schlagzeug macht. Aber Thomas denkt nicht daran aufzuhören. Ihm gefällt nämlich seine Musik.

Kannst du dir vorstellen, wie die Gitarre klingt, wie die Kinder singen und wie Thomas auf dem Schlagzeug spielt?

1. Welches Musikinstrument spielt Julia? Kreuze die richtige Antwort an.

a) Flöte ☐
b) Gitarre ☐
c) Geige ☐

2. Welches Musikinstrument spielt Thomas?

a) Gitarre ☐
b) Schlagzeug ☐
c) Trompete ☐

Übung 3

Kannst du dir vorstellen, wie es sich anfühlt, wenn es heiß ist, das Boot schaukelt und dir das Wasser um die Beine spült? Kannst du die Wassertropfen spüren, die der Hund aus seinem Fell schüttelt?

Eine Bootsfahrt

Familie Molan macht heute einen Ausflug. Familie Molan, das sind Philipp, sein Vater und der Schäferhund Anton. „Heute ist es mir zu heiß zum Arbeiten, deshalb machen wir eine Bootsfahrt", erklärt der Vater. Schnell sind die Sachen gepackt, und schon geht es los. Das kleine Ruderboot schaukelt unruhig hin und her, als alle einsteigen. Auf dem See hängt Philipp seine Füße in das Wasser. Das Wasser ist ziemlich warm. Anton springt mit einem lauten Platsch hinein und schwimmt eine Runde. Zurück auf dem Boot schüttelt er sich wild. Das Wasser spritzt aus seinem Fell. So bekommt Vater auch gleich eine kleine Abkühlung.

1. Wer ist Anton?

a) ein Onkel ☐

b) ein Schäferhund ☐

c) ein Kater ☐

2. Wie ist das Wasser?

a) ziemlich warm ☐

b) ziemlich kalt ☐

c) eisig ☐

Übung 4

Stell dir nun die Geschichte vor! Versuche dabei die Gerüche in deinem Kopf zu riechen und die Nahrungsmittel zu schmecken!

Das Geburtstagsessen

„Ich lade dich zum Essen ein“, sagt Oma zu Katharina. „Und weil du Geburtstag hast, darfst du essen, was du willst.“ Katharina sitzt mit ihrer Oma im Gasthaus und studiert die Speisekarte.
„Ich will Fischstäbchen mit Vanillepudding und als Nachspeise Pfefferminztorte mit Senf“, verkündet Katharina. Oma findet das sehr seltsam. „Aber das passt doch gar nicht zusammen und schmeckt sicher ekelhaft“, meint Oma. „Aber du hast doch gesagt, ich darf essen, was ich will“, sagt Katharina enttäuscht. „Also gut“, gibt Oma nach, und Katharina bekommt ihr seltsames Menü.

Kannst du dir vorstellen, wie Fisch, Vanillepudding und Pfefferminz riechen? Kannst du dir vorstellen, wie das Essen schmeckt?

1. Warum darf Katharina essen, was sie will?
a) weil sie Geburtstag hat ▢
b) weil sie Namenstag hat ▢
c) weil sie eine Belohnung bekommt ▢

2. Was will Katharina als Nachspeise?
a) Käse mit Schokoflocken ▢
b) Pfefferminztorte mit Senf ▢
c) Vanilleeis mit Sauerkraut ▢

Was meinst du: Wird Katharina ihr Essen schmecken?

Übung 5

Stell dir nun den Textinhalt lebhaft vor!
Stell dir die kleine Geschichte so vor, als würdest du sie tatsächlich erleben!

Im Park

Es ist Herbst. Die letzten Blätter fallen von den Bäumen. Weil es ein so schöner Herbsttag ist, geht Christine mit ihrer Oma im Park spazieren. Die beiden setzen sich auf eine Bank und genießen die letzten warmen Sonnenstrahlen. Rundherum gurren die Tauben. Sie betteln um Futter. Oma hat Vanillekekse mitgebracht. Es sind Christines Lieblingskekse. Großzügig teilt sie ihre Kekse mit den Tieren.

„Da muss irgendwo ein Pferd in der Nähe sein“, sagt Oma. „Es riecht nämlich sehr danach.“
Gleich darauf ist das Pferd schon zu sehen.
Der Reiter führt es vorsichtig vorbei.

„Wollen wir wieder nach Hause gehen?“, fragt Oma. „Mir ist nämlich schon ein bisschen kalt.“ Christine ist einverstanden.

Kannst du dir Christine und Oma im Park mit den Tauben vorstellen?
Kannst du dir vorstellen, wie die Kekse schmecken?

Was bedeutet „Sie betteln um Futter.“?

a) Sie wollen Futter haben. ☐
b) Sie wollen auf keinen Fall Futter. ☐
c) Sie wollen nur Futter, wenn die Sonne scheint. ☐

Kannst du dir vorstellen, wie das Pferd riecht?

Kannst du hören, wie Oma fragt, und fühlen, wie kalt es ist?

Übung 1

Wörter, die du nicht verstehst, kannst du dir nicht vorstellen. Was du dir nicht vorstellen kannst, das kannst du dir nicht merken. Deshalb musst du dir ein neues Wort erklären lassen.

Der neugierige Jan

Jan ist sieben Jahre alt. Er geht in die zweite Klasse. Und Jan ist ziemlich neugierig. Immer will er alles ganz genau wissen. Und deshalb fragt er ziemlich viel. Vormittags fragt er seiner Lehrerin Löcher in den Bauch und nachmittags fragt er seiner Mama Löcher in den Bauch. Und weil er so viel fragt, ist Jan auch ziemlich klug. „Du bist ein richtiger Schlauberger", sagt Herr Weise, sein Lehrer, zu ihm. „Was ist ein Schlauberger?", fragt Jan, weil er dieses Wort nicht kennt. „Ein Schlauberger ist eine schlaue Person", erklärt Herr Weise. „Und was ist eine schlaue Person?", fragt Jan wieder. „Wenn jemand schlau ist, dann weiß er viel, er ist also klug!" „Aha", sagt Jan und ist nun zufrieden.

Frag nach, wenn du ein Wort liest, das du nicht verstehst!

1. Warum ist Jan so klug?
   a) weil er keine Fragen stellt ☐
   b) weil er viele Fragen stellt ☐

2. Was ist ein Schlauberger?
   a) eine dumme Person ☐
   b) eine schlaue Person ☐

Übung 2

Die Lese-Hausaufgabe

„Die alte Kartoffel ist nun ganz schru … schtrum … schrumpelig", liest Kati ihrem Papa vor. „Weißt du denn, was dieses Wort bedeutet?" fragt Katis Papa. „Weißt du denn, was eine schrumpelige Kartoffel ist?" Kati hat keine Ahnung. Kati ist nur froh, dass sie dieses Wort überhaupt irgendwie lesen konnte. „Du musst nachfragen, wenn du ein Wort liest, das du nicht kennst", meint Papa. „Sonst kannst du den Text, den du liest, nicht verstehen." Und dann erklärt er: „Eine schrumpelige Kartoffel ist eine Kartoffel, die schon alt ist und Falten hat. Du kannst dir das so vorstellen: Im Frühjahr kommt eine Kartoffel in die Erde. Aus dieser Kartoffel wachsen die neuen Kartoffeln. Im Herbst, wenn die Kartoffeln geerntet werden, ist die Kartoffel, aus der die neuen gewachsen sind, alt und faltig geworden. Wir sagen auch, sie ist schrumpelig geworden."

„Dann ist die Oma auch schrumpelig", sagt Kati, „weil die auch so viele Falten im Gesicht hat."

1. Was soll Kati machen, wenn sie ein Wort nicht kennt?

   ____

2. Was bedeutet „schrumpelig"?

   ____

Übung 3

Der Bienenstich

Es ist ein schöner Sommertag. Thorsten spielt im Garten im Sandkasten. Da schwirrt eine Biene um seinen Kopf herum. Thorsten hat Angst vor der Biene, deshalb schlägt er wild mit seinen Händen um sich. Das sollte er jedoch lieber nicht tun. Die Biene fühlt sich bedroht. Und wenn sich eine Biene bedroht fühlt, dann sticht sie zu. Und so geschieht es auch bei Thorsten. „Aua!", schreit er. Schon hat ihn die Biene in die Hand gestochen. Die Stelle schmerzt sehr und schwillt auch gleich an. Thorsten schreit laut nach seiner Mama.

Mama weiß, was zu tun ist. Sie zieht den Stachel aus der Haut und kühlt die Stichstelle mit einer kalten Kompresse. Thorsten jammert, der Stich tut ordentlich weh.

Mama beobachtet Thorsten genau, ob er auch keine allergische Reaktion zeigt. Wenn Thorsten nämlich plötzlich keine Luft mehr bekommt oder es ihm sonst irgendwie schlechter geht, dann muss sie sofort den Notarzt verständigen. Gott sei Dank tritt dieser Fall bei Thorsten nicht ein. Und bald geht es ihm wieder besser.

Stell dir nun die Geschichte in deinem Kopf vor! Fühle, wie Thorsten mit den Händen um sich schlägt, fühle den Bienenstich und den Schmerz! Höre, wie Thorsten nach seiner Mama schreit!

In diesem Text kommen schwierige Wörter vor. Wenn du ein Wort nicht kennst, dann frag nach, was es bedeutet. Dein Lehrer oder deine Lehrerin hilft dir sicher gerne weiter.

1. Kreuze die richtigen Antworten an.

1.1 Was bedeutet „Die Stelle schwillt an.“?

a) Die Stelle wird blau. ☐

b) Die Stelle wird dick, es entsteht eine Beule. ☐

Vergiss nicht, die neuen Wörter in die Wörterliste hinten im Heft einzutragen!

1.2 Was ist eine kalte Kompresse?

a) ein kalter Umschlag ☐

b) ein Pflaster ☐

1.3 Was passiert, wenn jemand allergisch reagiert?

a) Er bekommt keine Luft mehr, oder es geht ihm sonst irgendwie schlechter. ☐

b) Es geht ihm besonders gut. ☐

1.4 Was ist zu tun, wenn jemand allergisch reagiert?

a) Man muss den Notarzt rufen. ☐

b) Die Person gehört ins Bett. ☐

2. Welche Rufnummer hat der Notarzt?

____

Übung 4

Hexe Clementine zaubert Hausaufgaben

Clementine sitzt in ihrem Zimmer bei ihren Hausaufgaben. Nun beschäftigt sie sich schon seit Stunden mit den Rechnungen, aber die Lösungen wollen und wollen ihr einfach nicht einfallen. „Verflixt, warum ist das alles nur so kompliziert?“ Clementine ist sauer, ziemlich sauer sogar. Papa hat ihr nämlich verboten, die Hausaufgaben einfach herzuzaubern. „Du musst das selbst schaffen“, meint er. „Nur diese eine Ausnahme“, verspricht Clementine. „Nur dieses eine Mal, dann mache ich es nie wieder.“ Und schon spricht sie den Zauberspruch. „Abrakadabra, Simsalabim, schreibt mir schnell die Hausaufgaben hin!“ Doch, nanu, was passiert denn jetzt? Das sieht aber gar nicht danach aus, dass jemand die Matherechnungen löst, ganz im Gegenteil, alle Mathesachen sind auf einmal verschwunden! Clementine starrt entsetzt auf den leeren Schreibtisch. Auweia!
Das war aber gar nicht gut.
Was nun?
Im Nebenzimmer sitzt Papa gemütlich vor dem Kamin und liest, als ganz plötzlich die Schulbücher von Clementine auf seinem Schoß landen.

Kannst du dir die Geschichte in deinem Kopf vorstellen?

„Aha, es ist schon so weit“, stellt er schmunzelnd fest. Papa hat nämlich für den Fall, dass Clementine ihre Hausaufgaben herzaubert, einen Gegenzauber ausgesprochen. Und deshalb hat er nun die Schulbücher von Clementine bekommen. Natürlich sagt er das nicht gleich Clementine.
„Da bin ich gespannt, was sie jetzt macht“, grinst er, versteckt die Bücher und liest seelenruhig weiter.

1. Was macht Clementine?

   ____

2. Wo sitzt der Vater?

   ____

3. Was hat der Vater ausgesprochen?

   ____

4. Was bekommt der Vater?

   ____

5. Was macht er damit?

   ____

Übung 1

Male in der richtigen Farbe an:

a) Lenas Mütze ist blau.

b) Ihre Jacke ist gelb.

c) Lena trägt auch eine blaue Hose.

d) Omas Mantel ist lila.

e) Oma trägt einen rosa Hut.

f) Omas Stiefel sind schwarz.

Übung 2

Male in der richtigen Farbe an:

a) Suche auf dem Bild die Gießkanne und male sie grün an.

b) Auf dem Bild kannst du einen Apfelbaum sehen. Male die Äpfel rot an.

c) Die Blumen sollen eine blaue Farbe bekommen.

d) Male den Zaun braun an.

e) Gib dem Schmetterling eine gelbe Farbe.

Übung 3

Präge dir links und rechts gut ein! Die Zeichnung hilft dir dabei.

links rechts

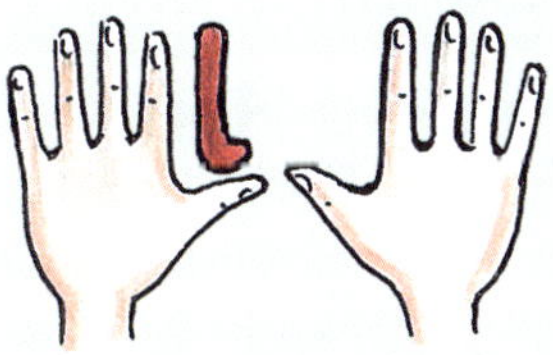

1. Du sollst drei Dinge zeichnen:
   Zeichne ganz links eine grüne Flasche.
   Rechts neben der Flasche steht ein Glas.
   Rechts neben dem Glas steht eine blaue Tasse.

2. Zeichne einen braunen Tisch.
   Auf dem Tisch liegen drei Gegenstände.
   Links liegt ein grüner Apfel.
   In der Mitte liegt eine gelbe Birne.
   Rechts steht ein blauer Teller.
   Unter dem Tisch sitzt eine graue Maus.

Übung 4

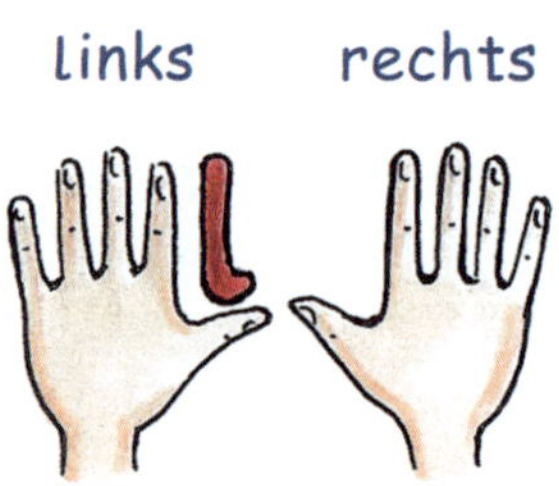

Zeichne einen Schneemann.
Der Schneemann hat einen roten Hut auf.
Zeichne ihm zwei Augen und eine Karottennase.
Male die Nase orange an.
Binde dem Schneemann eine gelbe Schürze um.
Gib ihm einen braunen Besen in die rechte Hand (von dir aus gesehen).
Hinter dem Schneemann steht eine grüne Tanne.

Überlegt in der Klasse, was ihr gerne lest!

Übung 5

Kevin hat Geburtstag

Eine große Auswahl an Büchern findest du in einer Buchhandlung!

Kevin hat fünf Päckchen bekommen.
Male sie in der richtigen Farbe an.

Nummer 1 ist blau und die Schleife ist rosa.
Nummer 2 ist rot und die Schleife ist weiß.
Nummer 3 ist gelb mit einer blauen Schleife.
Nummer 4 ist lila mit einer gelben Schleife.
Nummer 5 ist grün. Die Schleife ist lila.

Kevin packt seine Geschenke aus.
Was hat er bekommen?
Kreuze die richtigen Antworten an.

a) einen Ball und einen Lastwagen ☐
b) ein Fahrrad und eine Gitarre ☐
c) einen Teddy und einen Roller ☐
d) ein Buch ☐

Übung 6

Wir basteln für Weihnachten

Wir basteln für Weihnachten einen Schlüsselanhänger aus Moosgummi.

Du brauchst:
Moosgummi, einen Schlüsselring, Bleistift, Schere, Klebstoff, Locher

1. Anleitung:

a) Pause diese Dreiecke ab und schneide sie aus. Lege die Papierdreiecke auf den Moosgummi und ziehe mit einem Filzstift die Form nach. Danach schneide die einzelnen Teile aus dem Moosgummi aus.

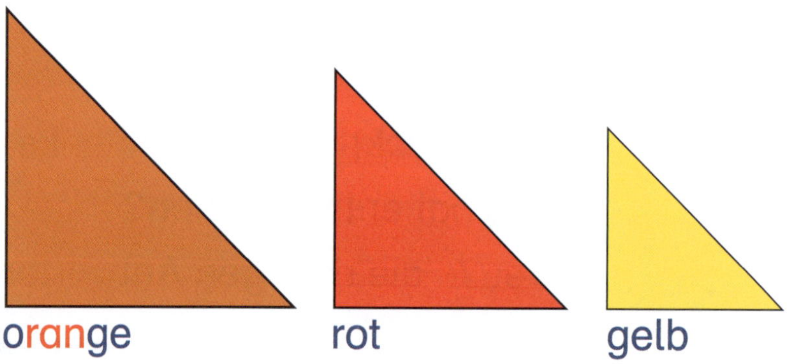

b) Klebe die Teile aufeinander.

c) Stanze in Teil 1 mit dem Locher ein Loch.

d) Ziehe eine 10 cm lange Schnur durch das Loch.

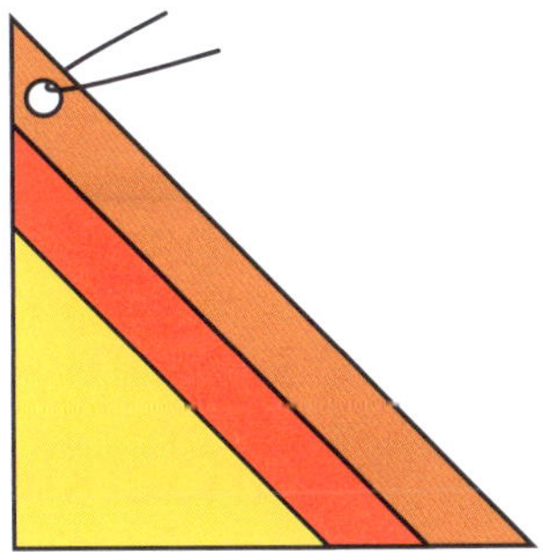

e) Mache einen Knoten in die Schnur.

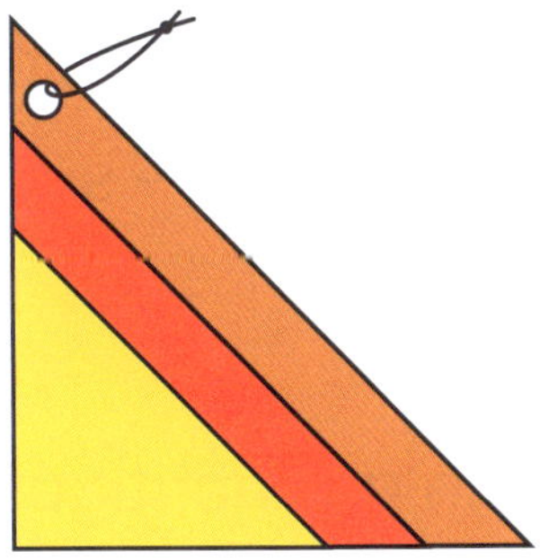

f) Hänge die Schnur in den Schlüsselring ein.

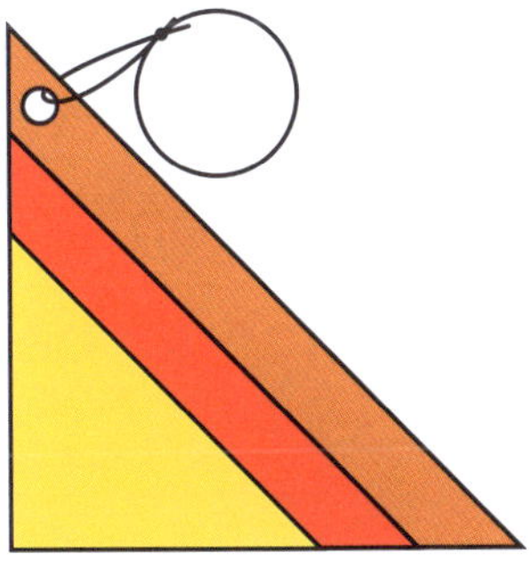

2. Was brauchst du zum Basteln?

M ___ ___ ___ ___ ___ ___ ___ ___, einen
S ___ ___ ___ ___ ___ ___ ___ ___ ___ ___ ___ ___,
einen B ___ ___ ___ ___ ___ ___ ___ ___,
eine S ___ ___ ___ ___ ___,
K ___ ___ ___ ___ ___ ___ ___ ___ und
einen L ___ ___ ___ ___ ___.

Bastelst du gerne? Halte Ausschau nach Bastelbüchern!

3. Sind die Anweisungen richtig ☑ oder falsch ☒?
a) Dreiecke zeichnen. ☐
b) Dreiecke auf den Moosgummi legen. ☐
c) Dreiecke aus Moosgummi ausschneiden. ☐
d) Dreiecke nebeneinanderkleben. ☐
e) Loch stanzen. ☐
f) Schnur durch das Loch ziehen. ☐

4. Lies die kleinen Wörter ganz schnell.
aus – die – des – und – sie – ziehe – durch – das – biege – wieder – zu

5. Nummeriere in der richtigen Reihenfolge.
a) Dreiecke abzeichnen ___
b) Loch stanzen ___
c) Dreiecke auf den Moosgummi legen ___
d) Bastelmaterial vorbereiten ___
e) Dreiecke ausschneiden ___
f) Dreiecke aufeinanderkleben ___

Übung 7

Rezept: Bananenmilch

Du kochst gerne? Lies doch einmal ein Kochbuch für Kinder!

Nimm eine reife Banane, schäle sie und zerdrücke sie mit der Gabel. Gib einen Teelöffel Zucker dazu und ein Glas Milch. Mit dem Schneebesen verrührst du alles, bis die kleinen Stücke weg sind.
Guten Appetit!

1. Was brauchst du alles?
   Unterstreiche die wichtigen Wörter.

2. Suche die Wörter „Banane“, „Gabel“, „Glas“ und „Zucker“ und markiere sie:

milchmilchmilchmilchBananemilchmilchmilchmilch
milchZuckerGlasmilchmilchmilchBanane
milchmilchmilchZuckermilchmilchmilchmilch
Glasmilchmilchmilchmilchmilchmilchmilchmilch
milchBananemilchmilchmilchmilchGabelmilch
milchBananemilchZuckermilchGlasmilchmilch
milchmilchmilchmilchmilchmilchmilchmilchmilch
milchmilchmilchBanane

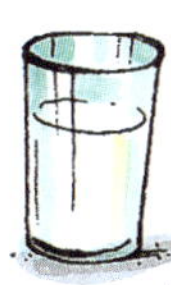

3. Sind die Sätze richtig ☑ oder falsch ☒?

a) Nimm eine reife Banane, schäle sie und zerdrücke sie mit der Gabel. ☐

b) Gib zwei Teelöffel Zucker dazu und ein Glas Milch. ☐

c) Mit dem Schneebesen verrührst du alles, bis die kleinen Stücke weg sind. ☐

In einem Kinderkochbuch findest du viele weitere einfache Rezepte zum Nachkochen!

4. Lies die kleinen Wörter ganz schnell.
eine – sie – und – mit – der – gib – einen –
dazu – ein – dem – du – bis – die – sind

5. Lies die Bananenwörter.

Bananen-

Schale, Baum, Creme, Eis, Milch, Blüte, Blatt, Verkäufer

6. Magst du gern Bananen? ______________________

7. Welche Tiere mögen gern Bananen?

____

8. Male eine Banane.

9. Kennst du noch andere gelbe Früchte?
Welche?

____

Übung 8

Versuche die Autos wirklich in deinem Kopf zu sehen! Dann ist die Übung leicht.

Auf einem Parkplatz stehen vier Autos.
Jedes Auto hat eine andere Farbe.
Das Auto links außen ist lila.
Das Auto rechts außen ist rot.
Neben dem lila Auto steht ein grünes Auto.
Jetzt ist noch ein Auto übrig. Es ist gelb.

1. Male die Autos nun in der richtigen Farbe an.

Nach einer Weile fährt das grüne Auto weg.
Dafür parkt ein blaues Auto ein.

2. Wie stehen die Autos jetzt?
   Male sie in der richtigen Farbe an.

Übung 9

Drei Eisbecher

Hier sollen drei leckere Eisbecher stehen.

Der Eisbecher in der Mitte ist hellblau.
Der Eisbecher rechts ist hellgrün.
Links steht ein gelber Eisbecher.
Im hellblauen Eisbecher ist eine Kugel Vanilleeis.
Der hellgrüne Eisbecher enthält doppelt so viele Kugeln Erdbeereis.
Im gelben Eisbecher sind eine Kugel Schokoladeneis, eine Kugel Himbeereis und eine Kugel Heidelbeereis.

Male die Eiskugeln in der richtigen Farbe in die Eisbecher und male die Eisbecher in der richtigen Farbe an.

Übung 10

Wir basteln ein Gespenst

Du brauchst:
zwei Papiertaschentücher, einen Gummiring, einen Filzstift, einen Bleistift

1. Anleitung:

a) Nimm ein Papiertaschentuch, falte es auseinander und zerknülle es zu einer Kugel.

b) Nimm das zweite Taschentuch, falte es auseinander und lege den Papiertaschentuchball in die Mitte.

c) Mit dem Gummiring formst du nun den Kopf für das Gespenst.

d) Stecke einen Bleistift innen in den Kopf, damit du das Gespenst halten kannst.

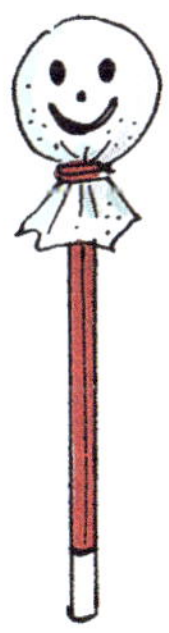

e) Zeichne mit einem Filzstift Augen und Mund.

Wenn du Bastelanleitungen liest, dann mache dir sofort Bilder im Kopf!

2. In jedem Satz ist ein Wort falsch.
   Unterstreiche es.

a) Nimm ein Stofftaschentuch, falte es auseinander und zerknülle es zu einer kleinen Kugel.
b) Falte das Papiertaschentuch zusammen.
c) Lege den Bleistift in die Mitte.
d) Mit dem Filzstift formst du nun den Kopf.
e) Mit dem Bleistift zeichnest du nun Augen und Mund.

3. Stimmt das ☑ oder stimmt das nicht ☒?
   Lies genau.

a) Ein Ball aus Papier ist ein Papierball. ☐
b) Ein Bett aus Metall ist ein Metallbett. ☐
c) Ein Spielzeug aus Plastik ist ein Plastikspielzeug. ☐
d) Eine Tasche aus Leder ist eine Einkaufstasche. ☐
e) Ein Kleid aus Samt ist ein Abendkleid. ☐
f) Ein Mantel aus Stoff ist ein Wintermantel. ☐

4. Lies ganz schnell.

Geister Geisterbahn Bahnhof Hoftor
Torschlüssel Schlüsselnummer Nummernschild
Gummi Gummiring Ringfinger Fingerpuppe
Puppenhaus Hauseingang Eingangstür
Türnummer Nummerntafel

5. Finde die passenden Reimwörter.

Puppe	Ring	Schlüssel	Haus	Bahn
Schüssel	Maus	Suppe	Hahn	Ding

6. Das Wort wird immer länger.
Was bedeuten die Wörter?

a) Papier
Papiertasche
Papiertaschentuch
Papiertaschentuchbehälter
Papiertaschentuchbehälterschachtel
Papiertaschentuchbehälterschachteldeckel

b) Geist
Geisterbahn
Geisterbahnwagen
Geisterbahnwagennummer
Geisterbahnwagennummernschild
Geisterbahnwagennummernschildfarbe

c) Geburtstag
Geburtstagseinladung
Geburtstagseinladungskarte
Geburtstagseinladungskartenumschlag

Übung 11

Eisclowns

Du hast Freunde eingeladen und weißt noch nicht, was ihr machen sollt? Wie wäre es mit selbst gemachten Eisclowns? Das ist lustig und schmeckt.

Das brauchst du:
Vanilleeis, Erdbeereis, Sprühsahne, Rosinen, kandierte Kirschen, Eistüten, leere Joghurtbecher

1. Anleitung:
   Fülle das Eis in die Becher und drücke es fest hinein. Setze noch jeweils eine Eiskugel darauf – sie soll der Kopf des Clowns werden. Als Haare für den Clown verwendest du Sprühsahne. Die Rosinen sind die Augen und eine Kirsche dient als Nase. Jetzt noch die Tüte daraufsetzen und den fertigen Clown schnell aufessen, bevor das Eis schmilzt.

2. Streiche weg, was nicht dazugehört.
   Vanilleeis, Erdbeereis, Zitroneneis, Sprühsahne, Rosinen, kandierte Kirschen, Schokolade, Eistüten

3. Lies die kleinen Wörter ganz schnell.
das – Eis – es – mit – noch – eine – sie –
soll – der – des – als – für – den – du – als –
sind – die – und

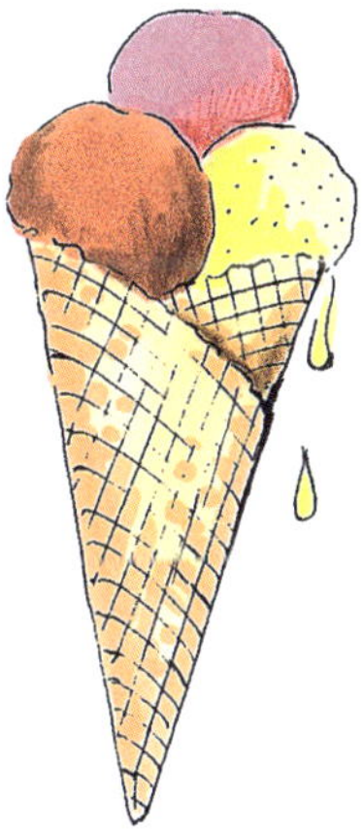

4. Sind die Sätze richtig ☑ oder falsch ☒?

a) Fülle das Eis in die Becher und drücke es fest hinein. ☐

b) Setze noch jeweils eine Eiskugel darauf. Sie soll der Hut des Clowns werden. ☐

c) Als Haare für den Clown verwendest du Spaghetti. ☐

d) Die Rosinen sind die Augen. Eine Kirsche dient als Nase. ☐

5. Welche Eissorten magst du? Unterstreiche.
Vanilleeis, Erdbeereis, Schokoladeneis,
Zitroneneis, Himbeereis, Pfefferminzeis,
Nusseis, Pfirsicheis, Joghurteis

6. Was ist Kaffeeeis und was ist Eiskaffee?
Finde die richtige Erklärung für das Wort –
was passt zusammen?

a) Kaffeeeis x) Kaffee mit Eis

b) Eiskaffee y) Eis mit Kaffeegeschmack

7. Trenne die Wörter mit einem Strich.
   Zwei Wörter passen nicht dazu.
   Finde sie heraus und unterstreiche sie.

VANILLEEISSCHOKOLADENEISBANANENEIS
PFIRSICHEISEISZAPFENNUSSEISHIMBEEREIS
MANGOEISERDBEEREISEISMASCHINE
VANILLEISSCHOKOLADENEISBANANENEIS

8. Fredi mag auch gerne Eis. Er mag fast alle Sorten. Besonders liebt er Vanilleeis, Erdbeereis und Schokoladeneis.
   Es gibt jedoch eine Sorte, die Fredi überhaupt nicht mag. Welche ist das?
   Die Lösung findest du im Mosaik.

◊◊◊◊z◊◊◊◊◊◊◊◊◊i◊◊◊◊◊◊◊◊t◊◊◊◊◊◊◊◊◊◊◊◊◊◊
◊◊◊◊◊◊◊◊r◊◊◊◊◊◊◊◊o◊◊◊◊◊◊◊◊◊n◊◊◊◊◊◊◊◊◊
◊◊◊◊◊◊◊◊◊◊◊◊◊◊◊◊◊◊◊◊◊◊◊◊◊◊◊◊◊◊◊◊◊◊◊◊◊
◊e◊◊◊◊◊◊◊◊◊◊◊◊◊◊◊◊◊◊◊◊◊◊◊◊◊◊◊◊◊◊◊◊◊◊◊◊n◊◊◊◊
◊◊◊◊e◊◊◊◊◊◊◊◊◊◊◊i◊◊◊◊◊◊◊◊◊◊◊◊◊◊◊◊◊◊◊◊◊◊◊◊◊◊◊◊
◊◊◊◊◊◊◊◊◊◊◊◊◊◊s◊◊◊◊◊◊◊◊◊◊◊◊◊

____

Übung 1

1. Was ist gemeint?
   Kreuze die richtige Antwort an.

Das Wort beginnt mit „E“.
Fast jedes Kind isst es gerne.
Besonders gut schmeckt es, wenn es heiß ist.
Man bekommt es in verschiedenen Farben.

a) das Eis ☐

b) die Birne ☐

c) ein Glas Wasser ☐

2. Was ist nun gemeint?

Es ist ein Fahrzeug.
Es hat zwei Räder.
Bergauf muss man ziemlich in die Pedale treten.

a) das Flugzeug ☐

b) das Schiff ☐

c) das Fahrrad ☐

Übung 2

Wähle das passende Reimwort und streiche das unpassende Reimwort durch.

a) Gabi findet es richtig nett
in ihrem weichen, warmen Kasten | Bett.

b) Das Pferd steht im Stall
und Leo spielt mit seinem Hund | Ball.

c) Tonis Füße sind ganz nass,
sie stecken doch im großen Haus | Fass.

d) Ida isst einen Teller Suppe
und dann spielt sie mit ihrer Maus | Puppe.

e) Die Oma trägt ein blaues Tuch
und Opa liest in einem Zeitung | Buch.

f) In der Speisekammer steht eine Dose
und auf dem Küchentisch steht
eine Rose | Blume.

g) Karin trinkt aus der Flasche,
und Kurt hat Geld in der Tasche | Börse.

h) Sonja spielt mit ihrem Hund
und die Welt ist kalt | kugelrund.

Übung 3

1. Wähle das passende Reimwort und streiche das unpassende Reimwort durch.

a) Es hat geschneit in der Nacht.
Und wer hätte das gedacht,
dass heut schon wieder
die Sonne [scheint] | [lacht].

b) Felix und Karin kommen von der Schule heim,
den Schnee,
den finden sie richtig [fein] | [klasse].

c) Sie ziehen sich warm an
und bauen einen Schneemann [dann] | [später].

d) Felix und Karin plagen sich sehr.
Die Kugeln sind nämlich
groß und [riesig] | [schwer].

e) Auf den Kopf bekommt er einen Hut,
der steht ihm aber wirklich [erstklassig] | [gut].

f) Die Kohlen für das Gesicht finden sie im Keller,
die holt der Felix, denn der ist [flinker] | [schneller].

g) Was nehmen wir bloß als Nase?
Vielleicht eine Blume aus der [Schale] | [Vase].

h) Oder soll es eine Karotte sein?
Vielleicht fällt uns ja
was Besseres [auf] | [ein].

i) Noch schnell einen Schal umgebunden,
den hat Felix im Schrank [gesucht] | [gefunden].

j) Eine Schürze dient als Gewand,
und er bekommt
einen Besen in die [Finger] | [Hand].

k) Das Schneemannbauen, das war fein,
Felix und Karin gehen wieder
ins Haus [hinein] | [hinunter].

2. Welche Nase hat der Schneemann nun bekommen?

a) eine Blume ☐
b) einen Rechen ☐
c) eine Karotte ☐

3. Woraus besteht ein Schneemann?

a) aus Papier ☐
b) aus Schnee ☐
c) aus Sand ☐

Übung 4

1. Welches Tier ist gemeint?
   Kreuze die richtige Antwort an.

   Es hat ein Fell und ist ganz weich.
   Es schnurrt, wenn es sich wohlfühlt.
   Es mag Mäuse.

a) die Schnecke ☐ b) die Katze ☐ c) das Huhn ☐

2. Was ist nun gemeint?

   Sie ist rund.
   Sie schmeckt süß.
   Man schneidet sie mit dem Messer in Stücke.
   Man bekommt sie oft zum Geburtstag.

a) die Karotte ☐ b) die Birne ☐ c) die Torte ☐

Übung 5

1. Wähle das passende Reimwort und streiche das unpassende Reimwort durch.

a) Tobias hat Geburtstag heute.
Er hat eingeladen viele [Kinder] | [Leute].

b) Tobias will auf jeden Fall
einen nagelneuen [Ball] | [Hamster].

c) Den alten Ball hat Strolchi zerbissen
und Tobias hat ihn
in die Mülltonne [geworfen] | [geschmissen].

d) Papa sagt: „Such dir was aus!“
Viele Spielsachen gibt es im [Warenhaus] | [Keller].

e) Ein Schlagzeug steht im Scheinwerferlicht,
doch Papa sagt:
„Das bekommst du [nicht] | [kaum].“

f) Den Lärm könnten auch die Nachbarn hören
und das würde sie dann [stören] | [belästigen].

g) Tobias denkt: „Was nehme ich bloß?“
Die Auswahl ist hier [riesengroß] | [mächtig].

h) Selbst Eisenbahnen gibt es hier.
Tobias sagt: „Die gefallen [mit] | [mir].“

i) Doch dann fällt ein Auto in seinen Blick,
das findet er besonders [schick] | [toll].

j) Der Papa kauft das tolle Stück
und Tobias strahlt vor lauter [Glück] | [Freude].

2. Was bedeutet „besonders schick“?
a) besonders schön ☐
b) besonders hässlich ☐

3. Was will Tobias auf jeden Fall?
a) eine neue Autobahn ☐
b) eine neue Schaukel ☐
c) einen neuen Ball ☐

4. Was hat Strolchi gemacht?
a) den alten Ball zerbissen ☐
b) den alten Teddy zerbissen ☐
c) den kleinen Ball verschluckt ☐

Übung 6

In jedem Bild fehlt etwas. Male es dazu.

1. Poldi, das Mäuschen, versteckt sich in seinem Mauseloch. Nur das Schwänzchen schaut heraus.

2. Die Kängurumama hüpft mit ihrem Kind umher. Sie trägt eine Glocke um den Hals.

3. Auf dem Tisch steht eine Blumenvase. Neben der Blumenvase liegt die Brille von Opa. Außerdem liegt noch ein Buch auf dem Tisch.

Übung 7

Was liegt wo?
Streiche das falsche Wort durch.

Lies doch einmal deinem Papa oder deiner Mama eine Gutenacht-geschichte vor!

a) Die Schultasche liegt über | auf dem Bett.

b) Das Heft liegt unter | über dem Tisch.

c) Die Lampe hängt vor | über dem Tisch.

d) Der Stuhl steht hinter | neben dem Tisch.

e) Die Zeichnung hängt an | in der Wand.

f) Das Federmäppchen liegt auf | in der Schublade.

Übung 8

Der Apfelbaum

Im Garten steht ein Apfelbaum. Er sieht zu jeder Jahreszeit anders aus.

Im Frühling treiben die Blätter aus. Bald beginnt der Apfelbaum zu blühen und sieht dann wunderschön aus. Seine Blüten sind entweder rosa oder weiß. Wenn die Blüten von den Bienen bestäubt werden, werden aus den Blüten die Äpfel. Im Sommer reifen die Äpfel. Bald sind sie süß und saftig. Die meisten Sorten werden im Spätsommer und im Herbst geerntet. Ein Apfelbaum trägt viele Früchte.

Im Herbst wird das Laub des Apfelbaumes bunt. Die Blätter werden gelb und braun. Das ist eine wahre Farbenpracht. Später fallen sie vom Baum.

Im Winter ist der Apfelbaum kahl. Er trägt keine Blätter. Schnee liegt auf den Ästen.

1. Wann blüht der Apfelbaum?
a) im Frühling ☐
b) im Sommer ☐

2. Wann fallen die Blätter vom Apfelbaum?
a) im Winter ☐
b) im Herbst ☐

3. Wann werden die meisten Apfelsorten geerntet?

a) im Spätsommer und im Herbst ▢

b) im Frühling ▢

4. Ordne die Buchstaben richtig zu.
   Zu welcher Jahreszeit gehören die Bäume?

A = Frühling

B = Sommer

C = Herbst

D = Winter

Übung 9

Besuch auf dem Bauernhof

Heute wird ein Ausflug gemacht.
Schon morgens wird viel gelacht.

Ein großer Bus holt die Kinder ab.
Die Kleinen halten den Busfahrer auf Trab.

Die Bäuerin begrüßt jedes Kind
und zeigt ihnen, wo die Tiere sind.

Auf einem Bauernhof gibt's viel zu tun.
Im Stall tummeln sich Ente und Huhn.

Die Schweinchen grunzen vor sich hin,
im Futtertrog ist nämlich nichts mehr drin.

Drüben in der Box steht ein Kälbchen drin,
die Kinder wollen alle zu ihm hin.

Nun hat Peter die Kühe gefunden,
sie grasen auf der Weide, schon seit Stunden.

Hans meint: „Es gibt so viele Tiere hier, aber auch
der Traktor und die Maschinen gefallen mir.“

Die Katze Minka fühlt sich geschmeichelt,
sie wird heute von so vielen Kindern gestreichelt.

Im Hof geht es bald wild zu
und der schlafende Hund hat keine Ruh.

Den Kindern macht das Ponyreiten Spaß
und Minka leckt Milch aus dem Glas.

Nach dem Reiten gibt's Äpfel und Möhren,
die ganz allein dem Pony gehören.

Die Häschen haben sich im Heu versteckt,
doch Maria hat sie trotzdem entdeckt.

Später werden die Kinder in die Backstube gebracht, die Bäuerin hat schon einen Teig gemacht.

Es wird fleißig geknetet und gerollt,
während der Hund im Hof herumtollt.

Die Brötchen kommen in den Backofen hinein,
ganz frisch schmecken sie wirklich fein.

Danach fahren die Kinder dann heim
und lassen den Bauernhof wieder allein.

1. Was bedeutet „Die Katze fühlt sich geschmeichelt."?

a) Die Katze freut sich sehr. ☐

b) Die Katze fürchtet sich. ☐

2. Richtig ☑ oder falsch ☒?

a) Die Kinder machen einen Ausflug auf eine Burg. ☐

b) Die Kinder dürfen Pony reiten. ☐

c) Die Kinder kochen Suppe. ☐

d) Die Kinder backen Brötchen. ☐

Übung 10

Was gehört zusammen?

Male alle Karten mit einem Tier grün an.

Male alle Karten mit einem Werkzeug blau an.

Male alle Karten mit einem Fahrzeug gelb an.

Hase	Zange	Ziege	Fahrrad
Auto	Fuchs	Hammer	Bohr-maschine
Roller	Feile	Wolf	Lastwagen
Lama	Löwe	Schlange	Schrauben-zieher
Hund	Katze	Krokodil	Bagger
Kuh	Tiger	Traktor	Moped

Übung 11

Was gehört zusammen?

Male alle Karten mit einem Kleidungsstück rot an.

Male alle Karten mit Schulsachen lila an.

Male alle Karten mit Spielsachen grün an.

Tuch	Kleber	Teddy	Feder-mäppchen
Heft	Ball	Mütze	Hose
Zug	Pulli	Bluse	Radier-gummi
Jacke	Bleistift	Puppe	Autogarage
Weste	Kasperle	Lineal	Eisenbahn
Hemd	Mantel	Schere	Buntstifte

Übung 12

Henriette, das Herbstmonster

Henriette hat immer im Herbst Hunger.
Heute hat Henriette Heißhunger auf Hamburger.
Henriette hat hundert Hamburger und
hundertzehn Hotdogs hinuntergeschlungen.
Wer hilft Henriette?
Henriette ist hundert Tonnen schwer.
Der Hunger hört nicht auf.

1. Was fällt dir bei dem Text auf?
   Schau die Anfangsbuchstaben an.

2. Unterstreiche die Wörter im Text:
   Henriette, Hunger, Heißhunger, Hamburger, Hotdog, hundertzehn

3. Richtig ☑ oder falsch ☒?

a) Henriette, das Sommermonster ☐
b) Henriette hat hundert Hamburger und hundertzehn Hotdogs hinuntergeschlungen. ☐
c) Henriette ist hundertzehn Tonnen schwer. ☐
d) Der Hunger hört jetzt auf. ☐

4. Wie heißt das Monster? ______________________

5. Warum heißt Henriette so? ______________________

____

6. Was bedeutet „Heißhunger“?
   Kreuze die richtige Antwort an.

a) einen großen Hunger haben ▢
b) Hunger auf etwas Heißes haben ▢
c) Hunger auf etwas Bestimmtes haben ▢

7. Zeichne Henriette.

8. Kannst du den Text immer noch lesen?
   Welche Buchstaben fehlen?

nritt das rbstmonstr
nritt at immr im rbst ungr.
ut at nritt iβungr auf amburgr.
nritt at undrt amburgr und
undrtzn otdogs inuntrgsclungn.
Wr ilft nritt?
nritt ist undrt Tonnn scwr.
Dr ung ört nict auf.

Übung 13

Der Kater Isidor

Der rote Kater Isidor sitzt und schläft gerne auf dem roten Sofa. Das ist sein Lieblingsplatz. Herr Braun sieht den Kater nicht. Er setzt sich nieder. Isidor hat es gerade noch gemerkt und springt schnell auf. „Miau!“, schreit er. Er muss sich jetzt einen neuen Lieblingsplatz suchen.

1. Sind diese Sätze richtig ☑ oder falsch ☒?

a) Kater Isidor schläft gerne auf dem braunen Sofa. ☐

b) Auf dem roten Sofa sitzt er nicht gerne.

c) Herr Braun sieht den Kater nicht. ☐

d) Er setzt sich nieder. ☐

e) Isidor hat es nicht gemerkt. ☐

2. Kannst du diese Wörter lesen und verstehen?

	Lieblings-	
Eis		Platz
Lied		Musik
Fernsehshow		Spielzeug
Kleidungsstück		Speise

3. Wo ist dein Lieblingsplatz? ______________________

____

Vergiss nicht, die neuen Wörter in die Wörterliste hinten im Heft einzutragen!

Erzähle jemandem, was du gelesen hast. Dadurch merkst du dir den Textinhalt besser.

4. Suche Wörter, die im Text vorkommen (senkrecht ↓).

K	I	S	S	S	S	S	R
A	S	O	P	I	I	C	O
T	I	F	R	T	E	H	T
E	D	A	I	Z	H	R	R
R	O	M	N	T	T	E	R
E	R	K	G	U	Z	I	T
R	I	L	T	I	H	T	U

5. Lies die kleinen Wörter ganz schnell.
der – rote – und – gerne – auf – dem –
das – ist – sein – den – nicht – er – sich – hat –
cs – noch – muss – jetzt – einen

6. Kannst du den Text immer noch lesen?
Es fehlt ein bestimmter Buchstabe. Welcher?

De__ __ote Kate__ Isido__ sitzt und schläft ge__ne auf dem __oten Sofa. Das ist sein Lieblingsplatz. He___ B__aun sieht den Kate__ nicht. E__ setzt sich niede__. Isido__ hat es ge__ade noch geme__kt und sp__ingt schnell auf. „Miau!“, sch__eit e__. E__ muss sich jetzt einen neuen Lieblingsplatz suchen.

Übung 14

Eine Postkarte von der Sportwoche

Liebe Mama, lieber Papa!
Liebe Grüße von unserer Sportwoche in Podersdorf. Wir haben viel Spaß hier am See. Die Zimmer sind schön. Ich wohne mit meinen Freunden zusammen. Das Essen ist gut. Am Abend machen wir immer lustige Spiele. Nur der Regen gefällt mir gar nicht. Da können wir nicht auf der Wiese spielen und nicht schwimmen gehen. Was macht Ari? Hat er mich schon vergessen? Alles Liebe, auch an meine Schwester Lilli.

Langweilige Autofahrten verkürzt du am besten mit einem Buch oder einem Ratespiel.

1. Lies die Sätze fertig.
   Liebe Grüße von …
   Wir haben …
   Die Zimmer …
   Am Abend …

2. Welche Sätze sind richtig ☑, welche sind falsch ☒?

a) Liebe Grüße von unserer Sportwoche in Krumpendorf. ☐
b) Wir haben viel Spaß hier am See. ☐
c) Ich wohne mit meinen Freunden zusammen. ☐
d) Am Abend sehen wir immer fern. ☐
e) Aber der Regen gefällt mir. ☐
f) Was macht Bello? ☐

3. Klaus schickt eine SMS mit dem Handy.
Kannst du den Text so lesen,
dass ganze Sätze daraus werden?

Grüße aus Podersdorf – haben viel Spaß –
Zimmer schön – wohne mit meinen Freunden –
Abend Spiele – Regen gefällt nicht –
Grüße Klaus

4. Welche Satzteile gehören zusammen?
Trage den dazugehörigen Buchstaben
in das grüne Feld ein.

1		Liebe Grüße	a)	viel Spaß hier.
2		Wir haben	b)	sind schön.
3		Die Zimmer	c)	von der Sportwoche in Podersdorf.
4		Ich wohne	d)	ist gut.
5		Das Essen	e)	mit meinen Freunden zusammen.
6		Am Abend	f)	ist nicht schön.
7		Nur Regen	g)	machen wir immer lustige Spiele.
8		Da können wir	h)	Ari?
9		Was macht	i)	nicht auf der Wiese spielen.

Übung 15

Umweltschutz

„Heute ist der Tag des Umweltschutzes", erklärt die Lehrerin. „Deshalb machen wir einen Ausflug in den nahe gelegenen Park. Zunächst wollen wir schauen, wie sauber der Park ist. Und wenn wir Müll sehen, dann räumen wir ihn gleich weg. Das ist unser Beitrag zum Umweltschutz."

Im Park angekommen, teilen sich die Kinder in kleine Gruppen auf. Immer drei Kinder bekommen einen kleinen Teil des Parks zum Inspizieren und Saubermachen zugewiesen. „Oh, wie es hier aussieht", sagt Katja empört. „Die Leute werfen ihren Mist einfach weg."

Stell dir die Geschichte vor und frag nach, wenn du ein Wort nicht kennst!

Katja fragt die Lehrerin: „Warum lassen die Menschen ihren Müll einfach dort fallen, wo sie gerade stehen? Es gibt doch hier überall Abfalleimer."

„Tja", seufzt die Lehrerin, „das wüsste ich auch gerne. Ich glaube, die Menschen sind einfach zu achtlos."

Michael hat ein Schild gemalt, auf dem steht: „Haltet den Park sauber!“ Dieses Schild stellen die Kinder nun gleich beim Eingang in den Park auf. „Hoffentlich nützt es etwas“, sagt Michael.

1. Wenn du unterwegs bist oder spazieren gehst, was machst du dann mit deinem Müll?

a) Ich werfe ihn einfach weg. ☐
b) Ich nehme ihn mit nach Hause. ☐
c) Ich werfe ihn in den Abfalleimer. ☐

2. Wohin gehört der Müll?

a) auf die Straße ☐
b) in die Natur ☐
c) in den Abfalleimer ☐

3. Was bedeutet „etwas inspizieren“?

a) etwas prüfen, etwas genau anschauen ☐
b) etwas beschreiben ☐

4. Was bedeutet Umweltschutz? Überlegt gemeinsam in der Klasse.

5. Sind diese Sätze richtig ☑ oder falsch ☒?

a) Der Müll gehört in den Wald. ☐
b) Der Müll gehört in den Abfalleimer. ☐
c) Den Müll sollte man einfach wegwerfen. ☐
d) Wenn Müll in der Natur liegt, dann ist das schön. ☐
e) Es macht nichts, wenn man kleine Papierfetzen wegschmeißt. ☐
f) Der Müll schadet den Tieren und Pflanzen. ☐
g) Dosen gehören in den Metallcontainer. ☐

6. Hier stimmt doch etwas nicht.
Kreuze in diesem Bild alles an,
was nicht hierher gehört.

Übung 1

So viele bunte Pullover

Lena macht heute eine Gartenparty. Sie trägt einen roten Pullover.

Sie hat auch Tom eingeladen. Er trägt einen gelben Pullover. Mit einem blauen Pullover kommt Theresa. Und wer trägt den grünen Pullover?

Male die Pullover der Kinder in der richtigen Farbe an und beantworte die Frage.

Sabine	Lena	Theresa	Tom

Den grünen Pullover trägt:

____

Übung 2

Geburtstagsgeschenke

Hier sind neun Geburtstagsgeschenke.

Das Geschenk über Nummer vier ist gelb.
Das Geschenk unter Nummer vier ist hellgrün.
Das Geschenk rechts von Nummer sieben ist hellblau.
Das Geschenk rechts von Nummer vier ist rosa.
Das Geschenk unter Nummer fünf ist lila.
Das Geschenk links von Nummer fünf ist rot.
Das Geschenk über Nummer sechs ist blau.
Das Geschenk unter Nummer sechs ist grau.
Das Geschenk rechts von Nummer fünf ist weiß.

Schließe die Augen und versuche, dir die bunten Geschenke vorzustellen!

Male die Geschenke in der richtigen Farbe an.

Übung 3

Zungenbrecher

Zwischen zwei Zwetschgenzweigen
zwitschern zwei Schwalben.
Zwei Schwalben zwitschern
zwischen zwei Zwetschgenzweigen.

Ein Quatschkopf quatscht Quatsch.
Quatsch quatscht ein Quatschkopf.

Fischers Fritz fischt frische Fische.
Frische Fische fischt Fischers Fritz.

Blaukraut bleibt Blaukraut und
Brautkleid bleibt Brautkleid.

Zweiundzwanzig zahme Bergziegen
zwängen sich zwischen zwei
zersplitterten Zaunpfählen durch.

Zehn Ziegen zogen zwei Zentner
Zucker zum Zoo.

Bäcker Braun backt braune Brezeln.
Braune Brezeln backt Bäcker Braun.

Esel essen Nesseln nicht,
Nesseln essen Esel nicht.

Schnellsprechsprüche spreche ich schwer schnell.

Versuche diese Zungenbrecher
ganz schnell zu lesen.
Viel Spaß dabei!

Übung 4

Urlaub am Meer

„Theresa, wohin fährst du in den Urlaub?“, fragt Oskar. „Ich glaube, wir fahren ans Meer“, meint Theresa. Sie klingt nicht gerade begeistert. „Du fährst ans Meer und da freust du dich gar nicht?“, fragt Oskar erstaunt. „Ach“, seufzt Theresa, „wir waren voriges Jahr auch schon am Meer und glaub mir, das war gar nicht so toll.

Am Strand lagen, aufgeschichtet wie die Sardinen, ganz viele Leute. Deshalb musste ich immer aufpassen, dass ich meine Eltern nicht aus den Augen verliere. Außerdem schwammen im Meer Quallen, wenn man die berührte, dann tat das höllisch weh.“ „Ich war noch nie am Meer“, meint Oskar. „Ich habe mir das aber immer so unglaublich toll vorgestellt.“ „Na ja, es ist schon schön“, räumt Theresa ein. „Aber es ist nicht nur schön! Es gibt auch Nachteile. Ich würde viel lieber zu Hause bleiben. Da kann ich mich schnell mit meinen Freunden zum Spielen treffen und das Schwimmbad ist auch gleich in der Nähe. Außerdem lese ich gerne und dazu brauche ich nicht am Meer zu sein. Und was noch viel wichtiger ist, mein Hund müsste auch nicht zur Oma.“ „Wenn ich es mir so recht überlege“, sagt Oskar, „dann ist das gar nicht so schlecht, dass ich die Ferien zu Hause verbringe.“

Kannst du dir die Geschichte gut vorstellen?

Wenn du ein Wort nicht verstehst, dann frag nach, was es bedeutet!

1. Lies genau. Sind die Sätze richtig ☑ oder falsch ☒?

a) Theresa klingt begeistert. ▢
b) Theresa klingt nicht begeistert. ▢
c) Oskar klingt begeistert. ▢

d) „Ach“, seufzt Theresa, „wir waren voriges Jahr auch schon am Meer.“ ▢
e) „Ach“, seufzt Oskar, „wir waren voriges Jahr auch schon am Meer.“ ▢
f) „Ach“, seufzt Theresa, „wir waren vor drei Jahren auch schon am Meer.“ ▢
g) „Ich war noch nie am Meer“, meint Oskar. ▢

h) „Ich war noch nie am Meer“, meint Theresa. ▢
i) „Ich war noch nie in den Bergen“, meint Oskar. ▢
j) Mein Hund müsste auch nicht zum Opa. ▢
k) Mein Hund müsste auch nicht zur Oma. ▢
l) Meine Katze müsste auch nicht zur Oma. ▢

2. In jeder Zeile passt ein Wort nicht zu den anderen Worten. Streiche es durch.

Berge – Steinbock – Murmeltier – Katze
Adler – Gämse – Wandern – Ente – Almhütte
Weide – Kühe – Hirte – Hirtenhund – Flasche
Gondel – Piste – Sessellift – Elefant

Übung 5

1. Welche Silben ergeben ein Wort?

   Immer ein Kärtchen aus der ersten Reihe und ein Kärtchen aus der zweiten Reihe passen zusammen.

   Male die zusammenpassenden Kärtchen in der gleichen Farbe an.

Au	Ku	Ke	Re	Au	Wa
gen	to	gen	gen	gel	gel

Motor	Auto	Wagen	Schalt
öl	hebel	heber	schlüssel

Schweine	Kartoffel	Sauer	Nudel
kraut	suppe	knödel	braten

2. Male alle Wörter, die in den Koffer mit der Nummer 1 gehören, blau an.
Alle Wörter, die in den Koffer Nummer 2 gehören, sollen orange werden.
Alle Wörter, die in den Koffer Nummer 3 gehören, sollen grün werden.
Male alle Wörter, die in den Koffer Nummer 4 gehören, rosa an und die für den Koffer Nummer 5 gelb.
Male alle Wörter, die in den Koffer Nummer 6 gehören, violett an.

Schluss	Kuss	Vase
Hose	Rose	Nase
Karten	Dose	Garten
witzig	Loch	Koch
lustig	muss	hoch

Übung 6

Besuch im Schmetterlingshaus

Die 2. Klasse macht heute einen Ausflug ins Schmetterlingshaus. Drinnen ist es warm und feucht, denn so haben es die Schmetterlinge am liebsten. Im Haus fliegen die unterschiedlichsten Schmetterlinge umher. Große und kleine, blaue, gelbe und violette, ja sogar schwarze Schmetterlinge gibt es hier.

1. Welcher Schmetterling ist der größte?
   Male ihn in deiner Lieblingsfarbe an.

a)

b)

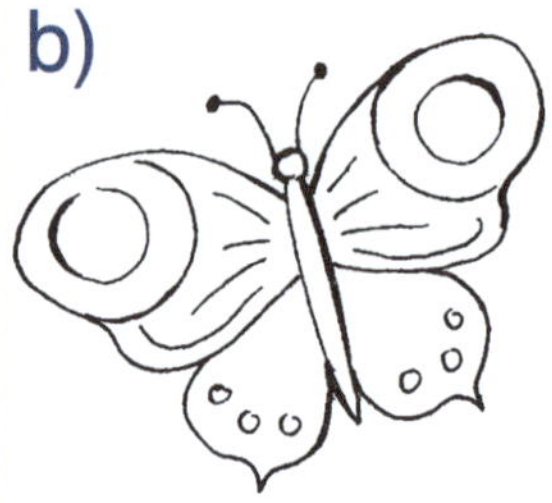

c)

Kannst du dir vorstellen, wie warm es in so einem Schmetterlingshaus ist?

Auf der Jacke von Hannes hat sich ein gelber Zitronenfalter niedergelassen. „Seht nur!“, ruft Julia begeistert. Die Kinder staunen und Hannes bleibt regungslos stehen, damit der Schmetterling möglichst lange sitzen bleibt.

2. Welcher Schmetterling hat sich auf der Jacke von Hannes niedergelassen?
   Kreuze die richtige Antwort an.

a) ein weißer Zitronenfalter ▢

b) ein gelber Zitronenfalter ▢

Im Haus stehen an vielen Stellen Schalen mit Orangenstückchen. „Wofür braucht man die?“, fragt Lilli. „Das ist Futter für die Schmetterlinge“, erklärt der Lehrer. Bei einer Schale haben sich sogar mehrere Schmetterlinge niedergelassen.

3. Wozu dienen die Schalen mit Obststückchen?

a) als Futter für die Schmetterlinge ▢

b) als Verzierung ▢

c) als Essen für die Besucher ▢

„Pass auf!“, schreit David plötzlich. „Geh keinen Schritt weiter!“ Jennifer hält mitten im Schritt inne und bleibt erschreckt stehen. „Was ist los?“, fragt sie. „Sieh doch nur! Hier sitzt ein Schmetterling auf dem Fußboden und du wärst beinahe draufgetreten!“, erklärt David. „Oh, wie gut, dass du ihn gesehen hast!“, sagt Jennifer erleichtert. „Ich muss wohl ein bisschen besser achtgeben, wo ich hintrete.“

4. Wo sitzt der Schmetterling?

a) auf dem Dachboden ▢

b) auf dem Fußboden ▢

c) auf einem Strauch ▢

Zum Abschluss sehen die Kinder noch einen Film über Schmetterlinge, in dem sie erfahren, wie aus einer Raupe ein Schmetterling wird.

Übung 7

Kater Isidor

Der kleine Kater Isidor wohnt mit seiner Familie in einem kleinen Bauernhof am Rande der Stadt. Isidor hat zwei Schwestern und einen Bruder. Isidor hat ein rotes Fell, sein Bruder ist grau, seine Schwestern haben graue Streifen. Der kleine Kater Isidor mag keine Mäuse. Er frisst gerne Blumen, Käse und Schinken.

1. Suche die Sätze und lies sie zu Ende.
   Der kleine Kater Isidor wohnt …
   Isidor hat zwei …
   Isidor hat ein …
   Der kleine Kater Isidor mag …

2. Sind die Sätze richtig ☑ oder falsch ☒?

a) Der kleine Kater Isidor wohnt mit seiner Familie in der Stadt. ☐

b) Isidor hat zwei Schwestern und einen Bruder. ☐

c) Isidor hat ein rotes Fell, sein Bruder ist grau, seine Schwestern haben graue Streifen. ☐

d) Der kleine Kater Isidor mag gerne Mäuse. ☐

e) Er frisst gerne Blumen, Käse und Schinken. ☐

3. Wo wohnt der kleine Kater?
   Kreuze die richtige Antwort an.

a) auf einem Bauernhof auf dem Land ▢
b) auf einem Bauernhof am Rande der Stadt ▢

4. Zeichne Isidor, seinen Bruder und seine Schwestern.

5. Kannst du diesen Text lesen?

DERKATERISIDOR

DERKLEINEKATERISIDORWOHNTMITSEINER-
FAMILIEINEINEMKLEINENBAUERNHOF-
AMRANDEDERSTADTISIDORHATZWEI-
SCHWESTERNUNDEINENBRUDERISIDOR-
HATEINROTESFELLSEINBRUDERISTGRAU-
SEINESCHWESTERNHABENGRAUESTREIFEN-
DERKLEINEKATERISIDORMAGKEINEMÄUSE-
ERFRISSTGERNEBLUMENKÄSEUNDSCHINKEN

Übung 8

Wie muss Max gehen?

Max möchte seinen Freund Edi besuchen.
Sie wollen nämlich miteinander spielen.

Max biegt zunächst links ab. Beim Springbrunnen muss er rechts abbiegen. Dann geht er die Straße entlang, bis er zum Ententeich kommt. Beim Ententeich biegt er links ab. Dann geht er wieder ein Stück die Straße entlang. Zum Schluss biegt er noch rechts ab, und schon ist er bei Edi.

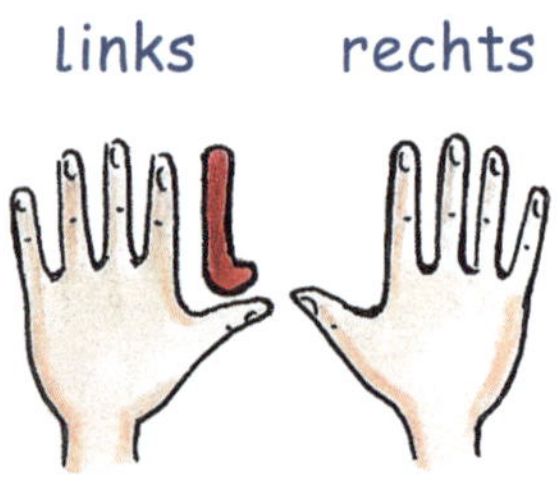

1. Zeichne mit einem roten Stift seinen Weg ein.

Stell dir alles gut in deinem Kopf vor!
Du kannst dabei auch die Augen schließen.

2. Sind die Sätze richtig ☑ oder falsch ☒?

a) Max biegt zunächst links ab. ☐

b) Beim Springbrunnen muss er rechts abbiegen. ☐

c) BeimEntenteich biegt er rechts ab. ☐

d) Zum Schluss biegt er wieder rechts ab. ☐

3. Lass dir nun die Wegbeschreibung vorlesen. Diesmal bist du zu Edi unterwegs. Zeichne die Wegskizze fertig.

Du biegst zunächst links ab. Beim Springbrunnen musst du rechts abbiegen. Dann gehst du die Straße entlang, bis du zum Ententeich kommst. Beim Ententeich biegst du links ab. Dann gehst du wieder ein Stück die Straße entlang. Zum Schluss biegst du noch rechts ab, und schon bist du bei Edi.

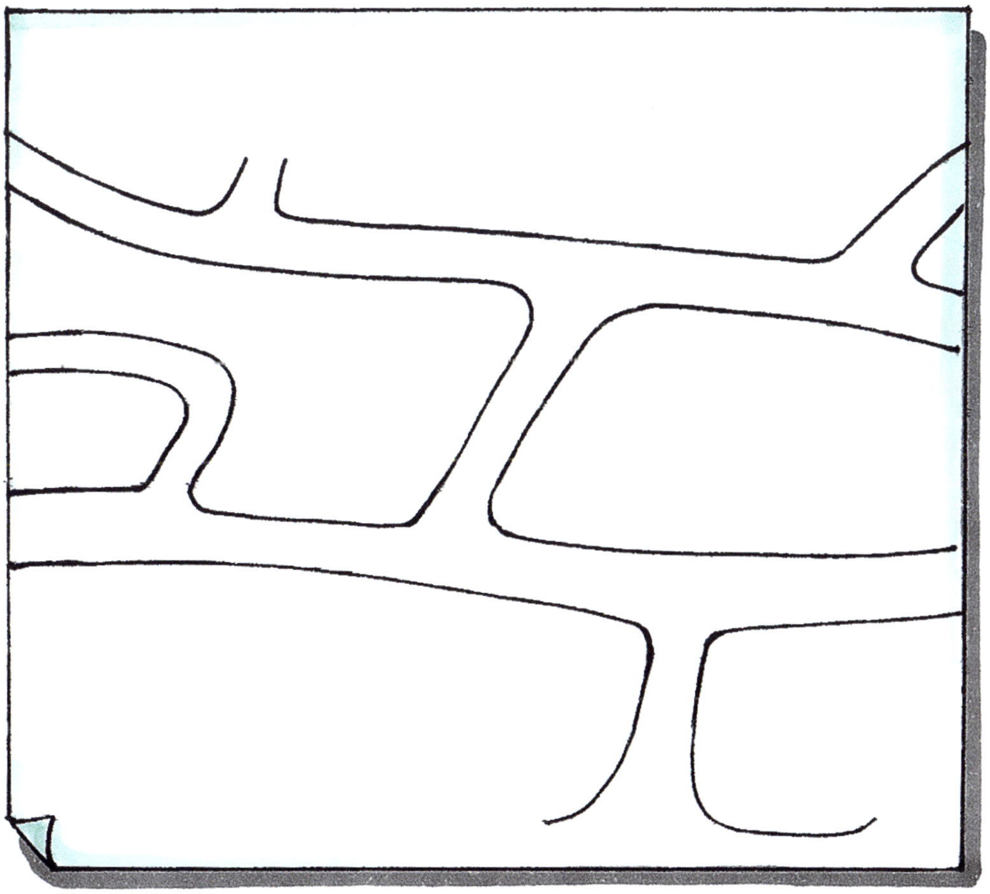

Übung 9

Die zwei Schultaschen

Toni und Andi sitzen in der Schule nebeneinander. Toni ist ein guter Schüler. Seine Aufgaben sind immer in Ordnung. Aber Andi ist faul. Er lernt nicht gern. Er bekommt oft eine schlechte Note. Die Schule ist aus. Toni plaudert mit seinen Freunden. Andi nimmt die Schultasche und geht nach Hause.

Aber das ist nicht seine Schultasche. Andi kommt nach Hause. Er zeigt dem Vater sein Heft. Der Vater sieht einen Einser und lobt Andi. Andi wundert sich. Toni kommt nach Hause. Er nimmt sein Heft und zeigt es der Mutter. Aber es ist Andis Heft und Mutter sieht einen Fünfer. Sie sagt: „Toni, was ist denn das? Du hast einen Fünfer?" Toni wundert sich.

1. Was passiert in dieser Geschichte?

a) Toni und Andi streiten um die Schultasche. ▢

b) Toni und Andi verwechseln ihre Schultaschen. ▢

2. Richtig ☑ oder falsch ☒?

a) Toni und Robert sitzen in der Schule nebeneinander. ▢

b) Toni ist ein guter Schüler. ▢

c) Seine Aufgaben sind immer in Ordnung. ▢

d) Andi ist nicht faul. ☐

e) Er lernt gern. ☐

f) Er bekommt oft eine gute Note. ☐

3. Wie verläuft die Geschichte?
Bringe die Absätze in die richtige Reihenfolge.

a) Die Schule ist aus. Toni plaudert mit seinen Freunden. Andi nimmt die Schultasche und geht nach Hause. Aber das ist nicht seine Schultasche. Andi kommt nach Hause. Er zeigt dem Vater sein Heft. Der Vater sieht einen Einser und lobt Andi. Andi wundert sich.

b) Toni kommt nach Hause. Er nimmt sein Heft und zeigt es der Mutter. Aber es ist Andis Heft und Mutter sieht einen Fünfer. Sie sagt: „Toni, was ist denn das? Du hast einen Fünfer?“ Toni wundert sich.

c) Toni und Andi sitzen in der Schule nebeneinander. Toni ist ein guter Schüler. Seine Aufgaben sind immer in Ordnung. Aber Andi ist faul. Er lernt nicht gern. Er bekommt oft eine schlechte Note.

Die richtige Reihenfolge ist: ____________________

4. Kannst du die Geschichte noch lesen?
Ein bestimmter Buchstabe fehlt. Welcher?

Di zw i Schultasch n

Toni und Andi sitz n in d r Schul n b n inand r.
Toni ist in gut r Schül r. S in Aufgab n sind imm r
in Ordnung. Ab r Andi ist faul. r l rnt nicht g rn.

 r b kommt oft in schl cht Not . Di Schul ist aus. Toni plaud rt mit s in n Fr und n. Andi nimmt di Schultasch und g ht nach Haus . Ab r das ist nicht s in Schultasch . Andi kommt nach Haus . r z igt d m Vat r s in H ft. D r Vat r si ht in n ins r und lobt Andi. Andi wund rt sich. Toni kommt nach Haus . r nimmt s in H ft und z igt s d r Mutt r. Ab r s ist Andis H ft und Mutt r si ht in n Fünf r. Si sagt: „Toni, was ist d nn das? Du hast in n Fünf r?“ Toni wund rt sich.

Es fehlt der Buchstabe ______________________.

5. Da stimmt doch etwas nicht! Lies die Sätze richtig.
   a) Schüler. guter ist Toni ein
   b) Er oft Note. bekommt eine schlechte
   c) und Hause. Andi nimmt geht seine
      Schultasche nach

6. Setze die Satzteile richtig zusammen.

a) Toni plaudert	u) wundert sich.
b) Andi	v) nach Hause.
c) Toni kommt	x) immer in Ordnung.
d) Er bekommt oft	y) mit seinen Freunden.
e) Seine Aufgaben sind	z) eine schlechte Note.

7. Kannst du diese Wörter lesen?
   Du musst von hinten anfangen.
   INOT IDNA EHCSATLUHCS EDNUERF

Übung 10

Ein neues Klassenzimmer

Die Sommerferien sind zu Ende. Das neue Schuljahr beginnt. Alle Kinder gehen in ihre Klassenzimmer. Die Klasse 2a hat dieses Jahr ein neues Klassenzimmer bekommen. Es ist sehr groß und hell. Es hat fünf Fenster. Im Klassenzimmer ist alles neu: der Lehrertisch, die Stühle und Tische, die Tafel. „Wie schön", sagen die Kinder. Sie schauen alles genau an, die Tafel, den Lehrertisch, die Tische und Stühle, die neuen Computer. „Das ist ja prima!", „Das ist toll!", „Das ist super!", rufen die Kinder. Die Lehrerin steht an der Tür, sie hört alles. Sie lächelt und sagt: „Hoffentlich bleibt alles so schön!"

Es gibt auch interessante Nachschlagewerke für Kinder. Dort findest du Antworten auf deine Fragen. Wer kennt eines?

1. Lies den Text und setze die fehlenden Wörter ein.

Die F_______________ sind zu Ende. Das neue S______________________ beginnt. Alle Kinder gehen in das K______________________.

Die Klasse _______________ hat dieses Jahr ein n_______________ Klassenzimmer bekommen. Es ist sehr g_______________ und h_______________. Es hat fünf F_______________. Im K______________________ ist alles neu.

2. Richtig ☑ oder falsch ☒?

a) Die Sommerferien sind zu Ende. ☐

b) Der neue Tag beginnt. ☐

c) Alle Kinder gehen in ihre Klassenzimmer. ☐

d) Die Klasse 2a hat voriges Jahr ein neues Klassenzimmer bekommen. ☐

e) Es ist sehr groß, aber dunkel. ☐

3. Kannst du die Geheimschrift lesen?
Jedem Buchstaben ist eine Zahl zugeordnet.

1	2	3	4	5	6	7	8	9	10	11	12	13
A	B	C	D	E	F	G	H	I	J	K	L	M
14	15	16	17	18	19	20	21	22	23	24	25	26
N	O	P	Q	R	S	T	U	V	W	X	Y	Z

Schreibe die richtigen Buchstaben unter die Zahl, dann kannst du die Geheimschrift lesen.

4	9	5

19	15	13	13	5	18	6	5	18	9	5	14

19	9	14	4

26	21

5	14	4	5

4. Kannst du die Wörter lesen?
Lies von oben nach unten.

D	S	s	z	E	D	n	S	b	A	K	g	i	d	K	D	K	h	e	n	K	b
i	o	i	u	n	a	e	c	e	l	i	e	n	i	l	i	l	a	i	e	l	e
e	m	n		d	s	u	h	g	l	n	h		e	a	e	a	t	n	u	a	k
	m	d		e		e	u	i	e	d	e			s		s			e	s	o
	e						l	n		e	n			s		s			s	s	m
	r						j	n		r				e		e				e	m
	f						a	t						n						n	e
	e						h							z		2				z	n
	r						r							i		a				i	
	i													m						m	
	e													m						m	
	n													e						e	
														r						r	

D	h	d	g	g	S
a	a	u	u	e	u
s	s		t	m	p
	t			a	e
				c	r
				h	
				t	

Übung 11

Der Wandertag

Heute haben Georg, Barbara und Katharina einen spannenden Tag vor sich, sie gehen nämlich mit ihren Eltern wandern.

Das Ziel ist eine Ruine. „Ihr müsst eure Wanderschuhe anziehen“, sagt Mama. „Der Weg zur Ruine ist steil und holprig, da braucht ihr ein festes Schuhwerk.“ Die Kinder packen auch ein Brot in ihre Rucksäcke ein.

„Pezi geht auch mit“, verkündet Barbara und packt den Teddy in den Rucksack.

Die Ruine befindet sich hoch oben auf einem Berg. Der Weg ist steil und der Marsch ist ziemlich anstrengend. „Wollen wir eine Rast machen?“, fragt Papa. Er ist nämlich schon ganz außer Atem von der flotten Wanderung.

Natürlich sind alle einverstanden. Während sich die Eltern noch ein wenig ausruhen, spielen die Kinder Verstecken.

Stell dir die Geschichte mit allen Sinnen vor! Frag nach, wenn du ein Wort nicht verstehst!

1. Wo haben sich die Kinder versteckt?
   Die Antwort findest du im Mosaik.
   Kreise die Wörter ein.

Georg versteckt sich …

ggggggggggggggggggggggg
gghinterggggggggggggggggg
ggggggggggggggggggggggg
gggeinemggggggggggggggg
ggggggggggSteinggggggggg
ggggggggggggggggggggggg

Barbara und Katharina verstecken sich …

bbbbbbbaufbbbbbbbbbbbbbb
bbbbbbbbbbbbbbbbbeinemb
bbbbbbbbbbbbbbbbbbBaumb
bbbbbbbbbbbbbbbbbbbbbbb
bbbbbbbbbbbbbbbbbbbbbbb
bbbbbbbbbbbbbbbbbbbbbbb

2. Lies genau. Sind die Sätze richtig ☑ oder falsch ☒?

a) Georg, Barbara und Katharina gehen wandern. ☐
b) Georg, Bernhard und Katharina gehen wandern. ☐
c) Gregor, Barbara und Katharina gehen wandern. ☐
d) Der Weg zur Ruine ist flach und holprig. ☐
e) Der Weg zur Ruine ist steil und holprig. ☐
f) Der Weg zur Ruine ist steil und löchrig. ☐

g) Während sich die Eltern ausruhen, spielen die Kinder Fangen. ☐
h) Während sich die Kinder ausruhen, spielen die Eltern Verstecken. ☐
i) Während sich die Eltern ausruhen, spielen die Kinder Verstecken. ☐

3. Was bedeutet es, wenn ein Weg holprig ist?
a) Der Weg ist eben. ☐
b) Der Weg ist uneben. ☐
c) Der Weg hört auf. ☐

4. Wann spricht man von einer flotten Wanderung?
a) wenn man langsam geht ☐
b) wenn man schnell geht ☐
c) wenn man läuft ☐

Endlich ist die Ruine erreicht. Die Kinder klettern und springen vergnügt auf den Resten der Steinmauern umher. „Seid vorsichtig!“, warnen die Eltern. „Ihr könntet leicht ausrutschen und euch verletzen!“

„Schnell, kommt her!“, ruft Barbara den anderen zu. „Ich habe eine interessante Entdeckung gemacht!“ Alle eilen schnell herbei, um zu sehen, warum Barbara so aufgeregt ist.

5. Was hat sie entdeckt?
Die Lösung findest du im Mosaik.

bbbbbEINEbbbbbbbbbbbbbb
bbSbbbbbbbbbbbbCbbbbbb
bHbbbbbbbbbbbbbbbbbbbb
bbbbbbbbbbbbbLbbbbbbb
bAbbbbbbbbbbbbbNbbbbbb
bbbbbbbbbbbbGEbbbbbbb

Übung 12

Die Geschichte von Flori, dem Flusspferd

Flori lebte mit ihren Brüdern und Schwestern in einer Flusspferdherde. In dieser Herde gab es große und kleine Flusspferde, dicke und dünne. Alle waren braun, außer Flori. Die war orange und hatte blaue Punkte auf dem Rücken.

Flori war bei allen Tieren beliebt. Sie war immer lustig und machte viele Späße. Wenn zum Beispiel niemand damit rechnete, tauchte sie plötzlich aus dem Wasser auf und rief laut „Buh!“, sodass alle zuerst erschraken, aber dann doch lachen mussten.

Eines Tages kam die Herde an ein großes Schlammloch. Sofort kam die fröhliche Flori auf eine Idee und sagte: „Seht doch nur! Was für ein herrliches Schlammloch! Was wäre das für ein Spaß, sich darin zu suhlen!“ Und schon war sie in den Schlamm gewatet und suhlte sich genussvoll darin. Die anderen Flusspferde machten es ihr nach.

Als sie später wieder im Steppengras standen, fragte eine von Floris Schwestern: „Wo ist denn Flori?“ „Hier bin ich!“, rief Flori. Doch keiner erkannte sie. Denn der Schlamm hatte ihre Haut braun gefärbt. Nun sah sie aus wie alle anderen Flusspferde. Und obwohl Flori immer wieder beteuerte, dass sie es war, glaubten ihr die anderen nicht. Sie sagten: „Du kannst nicht Flori sein. Flori ist orange und hat blaue Punkte auf dem Rücken.“ Und sie wandten sich von ihr ab.

Das machte Flori sehr traurig. Da erschien eine große Gewitterwolke am Himmel. Kurze Zeit später regnete es in Strömen und Flori wurde ganz nass. Doch das war ihr nur recht, denn der Regen spülte den Schlamm auf ihrer Haut weg. Bald sah sie wieder so aus wie früher: orange mit blauen Punkten auf dem Rücken.

Als sie so zu ihrer Herde zurückkehrte, erkannten die anderen Flusspferde sie sofort. Alle waren froh, dass Flori, das fröhliche Flusspferd, wieder da war.

Lass dir ein Wort erklären, wenn du es nicht verstehst, damit du es dir vorstellen kannst!

1. In jedem Satz sind Fehler.
   Unterstreiche die falschen Satzteile rot.

a) In dieser Herde gab es große und kleine Flusspferde, weiße und graue.
b) Sie war nie lustig und machte nie Späße.
c) Eines Tages kam die Herde an einen großen See.
d) Denn der Schlamm hatte ihre Haut grün gefärbt.
e) Da erschien eine dicke Gewitterwolke am Himmel.

2. Finde das Gegenteil und ziehe Verbindungslinien.

a) dick	1) klein
b) groß	2) traurig
c) alt	3) hässlich
d) heiß	4) dünn
e) billig	5) jung
f) nass	6) kalt
g) schön	7) teuer
h) fröhlich	8) trocken

3. Was glaubst du? Wie alt wird ein Flusspferd? Kreuze an.

a) 5 Jahre ☐
b) 10 Jahre ☐
c) 50 Jahre ☐

4. Lies die kleinen Wörter ganz schnell.

in – einer – gab – es – und – alle – grau – bis – auf – der – war – ein – mit – im – war – immer – oft – zum – dann – wenn – alle – still – rief – er – laut – ihm – dieses – nicht – mehr – wollte – so – sein – wie – am – unter – hin – und – her – plötzlich – grau – sehr – mehr – zur – war – so – bis – die – vielen – vom – so – wie – waren – froh – gibt – jedes – Jahr

5. Füge passende Wörter in den Text ein.

Flori lebte mit ihren __________ und Schwestern in einer Flusspferdherde. Alle waren braun, außer Flori. Die war orange und hatte __________ Punkte auf dem Rücken.

Eines Tages kam die Herde an ein Schlammloch. Flori rief: „Seht doch nur! Was für ein herrliches ____________! Was wäre das für ein Spaß, sich darin zu suhlen!“ Und schon war sie in den Schlamm gewatet und suhlte sich genussvoll darin. Die anderen Flusspferde machten es ihr nach.

Später fragte eine von Floris Schwestern: „Wo ist denn __________?“ „Hier bin ich!“, rief Flori. Doch keiner erkannte sie. Denn der Schlamm hatte ihre Haut braun gefärbt. Nun sah sie aus wie alle anderen Flusspferde. Und obwohl Flori immer wieder beteuerte, dass sie es war, glaubten ihr die anderen __________. Sie sagten: „Du kannst nicht Flori sein. Flori ist orange und hat blaue Punkte auf dem __________.“ Und sie wandten sich von ihr ab.

Das machte Flori sehr traurig. Da erschien eine große Gewitterwolke am __________. Es fing an zu regnen und Flori wurde ganz nass. Der Regen spülte den Schlamm auf ihrer Haut weg. Bald sah sie wieder so aus wie früher. Als sie zu ihrer Herde zurückkehrte, erkannten die anderen sie sofort. Alle waren froh, dass Flori, das fröhliche ____________, wieder da war.

Übung 13

Zwei Märchen

Hänsel und Gretel lebten mit ihren Eltern am Rand des Waldes. Eines Tages sollte Rotkäppchen seiner Großmutter Kuchen und Wein bringen. Die Großmutter wohnte draußen im Wald. Sie hatten nichts mehr zu essen. Deshalb brachten die Eltern die Kinder in den finsteren Wald. Doch die Kinder streuten Kieselsteine aus und fanden wieder nach Hause. Dort begegnete Rotkäppchen dem Wolf, der wissen wollte, wohin es ginge und was es bei sich habe. „Ich bringe meiner Großmutter Kuchen und Wein, sie wohnt im Wald bei den drei großen Eichen."

1. Hier hat jemand zwei Texte durcheinandergemischt. Wenn du die Namen aufmerksam liest, kannst du die beiden Märchen auseinanderhalten. Nimm einen roten und einen blauen Buntstift für je ein Märchen.

2. Sind die Sätze richtig ☑ oder falsch ☒?

a) Hänsel und Gretel lebten mit ihrem Vater am Rand des Waldes. ▢

b) Die Großmutter wohnte draußen im Wald. ▢

c) Sie hatten nur noch wenig zu essen. ▢

d) Deshalb brachte der Vater die Kinder in den finsteren Wald. ▢

3. Welche Personen gehören zu welchem Märchen? Erzähle.

Hänsel und Gretel, Rotkäppchen, der Wolf, die Großmutter, der Vater

4. Kannst du die beiden Märchenanfänge in der Geschichte richtig und nacheinander lesen?

5. Lies die kleinen Wörter ganz schnell.

mit – ihren – am – eines – und – die – im – sie – nichts – mehr – zu – der – in – den – aus – nach – dort – dem – es – bei – sich – ich – bei – drei

6. Rotkäppchen, Hänsel und Gretel waren im Wald. Welche Wörter passen nicht zum Wald?

Bäume, Wurzeln, Käfer, Wolf, Tintenfisch, Specht, Tannen, Fichten, Hasen, Rehe, Elefant, Pilze, Bach, Eule, Holz

7. Ein Wort passt nicht zu den Märchen „Rotkäppchen“ und „Hänsel und Gretel“. Finde es und streiche es durch.

Mutter, Wolf, Großmutter, Jäger, König, Hänsel und Gretel, Vater, Hexe

Höre beim Lesen die Stimmen und Geräusche!

8. „Knusper, knusper, Knäuschen, wer knuspert an meinem Häuschen?“ Wer sagt das? Unterstreiche die richtige Lösung.

der böse Wolf – Rotkäppchen – die Großmutter – die Hexe – die Mutter – Hänsel – Gretel

9. Was passiert später im Märchen „Rotkäppchen“?

a) Rotkäppchen wird vom Wolf gefressen. ☐
b) Rotkäppchen wird vom Wolf gefressen, doch der Jäger kommt, schneidet dem Wolf den Bauch auf und Rotkäppchen wird gerettet. ☐
c) Rotkäppchen erkennt den Wolf im Bett der Großmutter und jagt ihn davon. ☐

Sind alle Wörter klar? Wenn nicht, dann lass sie dir erklären!

Du liest gerne Märchen? Märchenbücher gibt es im Buchhandel oder in der Bücherei.

10. Was passiert im Märchen von Hänsel und Gretel?

a) Die Kinder kommen zu einer bösen Hexe, stoßen diese eines Tages in den Ofen und sind frei. ☐

b) Die Kinder kommen zum Knusperhaus und laufen vor der Hexe davon. ☐

c) Die böse Hexe hat Hänsel und Gretel eingesperrt. ☐

11. Was passt zusammen?
Ziehe Verbindungslinien.

a) wohnen	1) brachte
b) gehen	2) wohnte
c) finden	3) hatten
d) haben	4) kam
e) kommen	5) fanden
f) bringen	6) ging

Übung 1

Die Jahreszeiten

Es war eine Mutter, die hatte vier Kinder: den Frühling, den Sommer, den Herbst und den Winter. Der Frühling bringt Blumen, der Sommer bringt Klee. Der Herbst, der bringt Trauben, der Winter bringt Schnee.

1. Worum geht es in diesem Gedicht?
Es geht um den Fr__ __ __ __ __g,
den So__ __ __r, den He__ __ __t und
den Wi__ __ __r.

2. Sind die Sätze richtig ☑ oder falsch ☒?
a) Der Frühling bringt Blumen. ☐
b) Der Sommer bringt Schnee. ☐
c) Der Herbst bringt Trauben. ☐
d) Der Winter bringt Schnee. ☐

3. Worum geht es in diesem Gedicht?
Es geht um die J__ __ __ __ __ __ __ __ __ __ __.

4. Warum heißen die Trauben auch Weintrauben?
Weil man daraus ______________________ machen kann.

Übung 2

Es regnet

Heute ist keine Schule. Es ist Samstag.
Susi will mit den Eltern und ihrer Freundin einen Ausflug machen. Es regnet.
„Was machen wir jetzt?“, fragt Susi. Sie mag Regen gar nicht.
Ihre Freundin Moni sagt: „Komm, wir gehen ins Museum. Dort sieht man viele interessante Dinge. Ich zeige dir die Steinsammlung.“
„Steine?“, fragt Susi. „Steine sind doch öde.“
„Warte nur“, meint ihre Freundin. Und der Nachmittag im Museum ist wirklich ganz toll für die Kinder.

Stell dir alles, was du liest, in deinem Kopf vor. Höre den Regen und die Stimmen von Susi und ihrer Freundin! Fühle die Steine in deinen Händen.

1. Unterstreiche die Wörter im Text.

Susi – Samstag – Ausflug – Regen – Museum – Dinge – Steinsammlung – Steine – Freundin – Nachmittag – Kinder

2. Welche Sätze sind richtig ☑, welche sind falsch ☒?

a) Heute ist keine Schule. ☐
b) Es ist Samstag. ☐
c) „Was machen wir jetzt?“, fragt Moni. ☐
d) Ihre Freundin Moni sagt: „Komm, wir gehen ins Museum.“ ☐
e) Und der Nachmittag im Museum ist wirklich ganz toll für die Kinder. ☐

3. Lies die kleinen Wörter ganz schnell.

ist – den – es – was – wir – sie – mag – gar – nicht – ihre – magst – du – ins – sieht – man – viele – ich – zeige – dir – die – doch – meint – im – ganz – toll – für

4. Was passt zusammen?

1) Uhrenmuseum a) Man sieht interessante Bilder.
2) Clownmuseum b) Man sieht Dinge aus der Natur.
3) Kunstmuseum c) Man sieht alles über Clowns.
4) Naturmuseum d) Man sieht interessante Uhren.

5. Weißt du, wie ein Regenbogen aussieht?
Male ihn.

Übung 3

Aufstehen

Der Wecker läutet. Ich bin noch so müde!
Mutti kommt und sagt: „Es ist schon spät, schnell, schnell heraus aus dem Bett!“

Also stehe ich auf und wasche mich. Zum Frühstück gibt es Müsli. Dann nehme ich die Schultasche und laufe los. Gerade noch rechtzeitig komme ich in die Klasse. So eine Hetzerei!
Das nächste Mal höre ich auf den Wecker!

Stell dir die Geschichte so vor, als würdest du tatsächlich gerade aufstehen!

1. Welche Sätze sind richtig ☑, welche sind falsch ☒?

a) Der Wecker läutet. ☐

b) Mutti kommt und sagt: „Schnell, schnell, steh auf!“ ☐

c) Ich bleibe noch im Bett. ☐

d) Also stehe ich auf und wasche mich. ☐

e) Zum Frühstück gibt es Müsli. ☐

f) Dann nehme ich die Schultasche. ☐

g) Gerade noch rechtzeitig komme ich in die Klasse. ☐

h) Das nächste Mal höre ich auf Mutti. ☐

2. Lies den Text noch einmal. Trenne die Wörter durch einen Strich voneinander.

DERWECKERLÄUTETICHBINNOCHSOMÜDE-
MUTTIKOMMTUNDSAGTESISTSCHONSPÄT-
SCHNELLSCHNELLHERAUSAUSDEMBETT-
ALSOSTEHEICHAUFUNDWASCHEMICHZUM-
FRÜHSTÜCKGIBTESMÜSLIDANNNEHMEICH-
DIESCHULTASCHEUNDLAUFELOSGERADE-
NOCHRECHTZEITIGKOMMEICHINDIEKLASSE-
SOEINEHETZEREIDASNÄCHSTEMALHÖREICH-
AUFDENWECKER

3. Lies die kleinen Wörter ganz schnell.

der – ich – bin – noch – so – und – sagt – es –
ist – aus – dem – also – auf – mich – zum –
gibt – ein – dann – die – in – eine – das – den

4. Da stimmt doch etwas nicht!
Wie lauten die Sätze richtig?

a) Ich noch so müde. bin
b) spät. ist Es schon
c) dem Bett! aus Schnell
d) So Hetzerei! eine

Übung 4

Stell dir beim Lesen vor, dass du Clemens bist. So kannst du die Geschichte richtig „erleben".

Clemens, das Gespenst

Clemens ist in der Gespensterschule. Dort lernt er lesen und schreiben. In der Klasse sind zehn Gespensterkinder. Clemens holt seine Schulbücher aus der Schultasche. Er liest die Hausaufgabe vor. Aber weil er nicht geübt hat, gelingt es ihm nicht so gut. Die Lehrerin sagt: „Clemens, du musst noch mehr das Lesen üben!" Nach der Schule trifft sich Clemens mit seinen Gespenstergeschwistern. Sein großer Bruder Spuki und seine kleine Schwester Rosi waren auch in der Schule. „Wir haben heute ein Gespensterlied gelernt", erzählt Rosi. Und Spuki meint: „Sing es bloß nicht vor!" Rosi singt es aber trotzdem. Die Gespensterbuben laufen schnell davon. Denn wenn Rosi zu singen anfängt, fürchten sich sogar die Gespenster. Nur Mama und Papa hören sich tapfer das Lied an. Rosi singt ziemlich laut, ziemlich schrill und ziemlich falsch. Dafür singt sie aber mit großer Begeisterung. Auch die Eltern sind froh, als Rosi mit dem Lied fertig ist und wieder aufhört zu singen. „Rosi, du brauchst nur ein Lied zu singen, um den Leuten einen großen Schrecken einzujagen", sagen die Eltern. „Wenn du groß bist, wirst du sicher einmal ein großartiges Schreckgespenst." Rosi freut sich über das Lob.

1. Unterstreiche nun im Text alle Wörter, die du nicht verstehst. Bitte deinen Lehrer oder deine Lehrerin um eine Erklärung. Trage die Wörter in die Liste ein und übertrage sie auch in deine Wörterliste hinten im Heft.

Neues Wort:	Bedeutung:

2. Kreuze die richtige Antwort an.

2.1 Was lernt Clemens in der Gespensterschule?

a) rechnen ☐

b) zeichnen ☐

c) lesen und schreiben ☐

2.2 Wie heißen die Geschwister von Clemens?

a) Spuki und Rosi ☐

b) Speiki und Resi ☐

c) Spoki und Rosa ☐

2.3 Wie viele Gespensterkinder sind in der Klasse?

a) fünf ☐

b) zwanzig ☐

c) zehn ☐

2.4 Was hat Rosi in der Schule gelernt?

a) einen neuen Spuk ☐

b) ein neues Lied ☐

c) stricken ☐

2.5 Wer hört sich das Lied an?

a) Spuki und Clemens ☐

b) die Eltern ☐

c) Oma und Opa ☐

2.6 Wie singt Rosi?

a) hell und klar ☐

b) leise ☐

c) laut und schrill ☐

2.7 Wenn Rosi zu singen anfängt, dann

a) fürchten sich sogar die Mäuse. ☐

b) fürchten sich sogar die Gespenster. ☐

c) fürchten sich nur die Menschen. ☐

2.8 Was wird Rosi werden, wenn sie groß ist?

a) ein richtiges Schreckgespenst ☐

b) ein Spukgespenst ☐

c) ein Nachtgespenst ☐

3. Lies die Wörter, so schnell du kannst.

Gespenst, Gespenstergeschichte,
Gespensterschule, Gespensterkinder,
Gespensterbuben, Gespenstermädchen,
Gespensterschloss, Gespensterzug,
Gespensterschiff, Gespensterfamilie,
Spukgespenst, Schlossgespenst,
Gespensterglaube, gespensterhaft,
Gespensterstunde, gespenstig

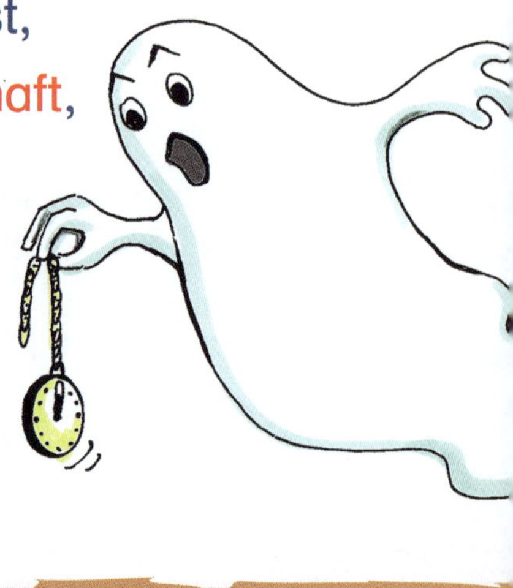

Übung 5

1. In jeder Reihe sagen drei Wörter das Gleiche aus. Ein Wort passt nicht dazu. Finde es und streiche es durch.

a)	fröhlich	heiter	vergnügt	Hose
b)	dumm	doof	dünn	blöd
c)	klug	dick	gescheit	clever
d)	kräftig	stark	kraftvoll	schmal
e)	schreiten	stapfen	Schal	marschieren
f)	raufen	balgen	Glocke	rangeln
g)	ruhig	nass	still	friedlich

2. Bestimmt gibt es hier Wörter, die du noch nicht kennst. Finde Sätze mit diesen neuen Wörtern.

3. Immer drei Wörter beschreiben das Gleiche. Finde sie und male sie in der gleichen Farbe an.

lustig	bekommen	erledigen	verrichten	witzig
empfangen	erhalten	machen	spaßig	sagen
reden	still	leise	sprechen	ruhig

4. Wie heißen die Kleidungsstücke in den Bildern?
Ziehe Verbindungslinien.

a)

b)

c)

d)

Muff (Handwärmer)

Strumpfhose

Fäustlinge

Rollkragenpullover

Sandalen

Mütze

Schal

Dirndl

Socken

f)

g)

h)

i)

e)

Übung 6

Ein Waldspaziergang

Robert und Susanne gehen mit ihren Eltern im Wald spazieren. Es ist ein trüber Tag und es nieselt leicht. Deshalb haben auch alle ihre Gummistiefel und den Regenmantel angezogen. „Nehmen wir einen Korb mit, falls wir essbare Pilze finden“, sagt Mama. „Und ich stecke mein Taschenmesser ein“, sagt Papa. „Dann kann ich die Pilze abschneiden.“

Im Wald ist es ganz ruhig. Nur die Vögel zwitschern. Die Eltern genießen die Stille und auch Susanne, die normalerweise ziemlich viel redet, ist heute schweigsam.

„Seht doch nur!“, flüstert Robert auf einmal aufgeregt. „Da steht ein Reh!“ Alle bleiben stehen und beobachten das Tier. Doch schon nach einem kurzen Moment wittert es die Menschen und verschwindet schnell im Dickicht.

„Oh, das war jetzt aber schön“, schwärmt Susanne.
„Warum ist es so schnell weggelaufen?“
„Das Reh hat Angst vor uns“, erklärt Papa.
„Sobald es Menschen riecht, ergreift es die Flucht.“

Im Wald wachsen zahlreiche Pilze. „Die meisten davon kennen wir nicht, deshalb lassen wir sie stehen“, erklären die Eltern. „Die Pilze sind nämlich Nahrung für die Tiere, die im Wald leben.“
Auf einem besonders schönen, moosbewachsenen Platz wachsen Steinpilze. Mama freut sich und erklärt den Kindern: „Diese Steinpilze nehmen wir natürlich mit, die schmecken nämlich hervorragend.“ Papa schneidet sie mit dem Taschenmesser ab und legt sie in den mitgebrachten Korb. Zu Hause bereitet Mama dann gebackene Steinpilze zu.

Überlege, was du gerne lesen würdest und suche dir dazu ein Buch aus!

1. Kennst du die Bedeutung der Wörter?
   Kreuze die richtige Antwort an.

1.1 Was bedeutet „Es nieselt leicht.“?
a) Es regnet leicht. ▢
b) Es regnet stark. ▢

1.2 Was bedeutet „schweigsam“?
a) wenn jemand nicht redet ▢
b) wenn jemand viel redet ▢

1.3 Was ist eine Lichtung?
a) dichter Wald ▢
b) eine kleine baumlose Fläche im Wald ▢

1.4 Was bedeutet „Das Reh wittert die Menschen."?

a) Das Reh riecht die Menschen. ▢

b) Das Reh freut sich, weil die Menschen kommen. ▢

1.5 Was ist ein Dickicht?

a) sehr dichter Wald ▢

b) eine Höhle ▢

1.6 Was ist ein moosbewachsener Platz?

a) ein Platz, auf dem Moos wächst ▢

b) eine Wiese ▢

2. Nun beantworte die Fragen. Kreuze wieder die richtige Antwort an.

2.1 Wer geht im Wald spazieren?

a) Ronni und Sabine mit ihren Eltern ▢

b) Ronald und Sonja mit ihren Eltern ▢

c) Robert und Susanne mit ihren Eltern ▢

2.2 Warum haben alle Gummistiefel und Regenmantel an?

a) weil die Sonne scheint ▢

b) weil es nieselt ▢

c) weil es schneit ▢

2.3 Warum haben sie einen Korb dabei?

a) damit sie Pilze hineinlegen können ▢

b) damit sie Blumen sammeln können ▢

c) damit sie Steine mit nach Hause nehmen können ▢

2.4 Wozu hat Papa das Taschenmesser dabei?

a) zum Abschneiden von Blumen ▢

b) zum Abschneiden von Pilzen ▢

c) zum Schnitzen ▢

2.5 Welches Tier steht auf der Lichtung?

a) ein Hirsch ▢

b) ein Elefant ▢

c) ein Reh ▢

2.6 Warum läuft das Reh so schnell weg?

a) weil es Angst hat ▢

b) weil es Kummer hat ▢

c) weil es sich so freut ▢

2.7 Welche Pilze findet die Familie?

a) Waldpilze ▢

b) Steinpilze ▢

c) Graspilze ▢

2.8 Was bereitet Mama zu Hause zu?

a) gebratene Steinpilze ▢

b) gekochte Steinpilze ▢

c) gebackene Steinpilze ▢

Übung 7

Die Bremer Stadtmusikanten

Ein Esel wollte nach Bremen gehen. Der Bauer brauchte den Esel nicht mehr, weil er zu alt und zu schwach geworden war. In Bremen wollte er Musik machen. Er wollte Stadtmusikant werden. Unterwegs traf er einen Hund. Der Jäger hatte den Hund fortgejagt, weil er keine Hasen mehr fangen konnte. Der Esel und der Hund gingen zusammen nach Bremen weiter. Auf der Straße trafen sie eine Katze. Auch die Katze war alt. Weil sie stumpfe Krallen hatte und keine Mäuse mehr jagen konnte, wollte die Bäuerin sie ersäufen. Jetzt waren sie zu dritt, der Esel, der Hund und die Katze. Da saß am Weg ein Hahn auf einem Zaun. Der wollte auch mit nach Bremen. Gemeinsam wollten sie dort Musik machen.

So zogen sie zu viert weiter. Sie liefen den ganzen Tag. Am Abend kamen die vier Freunde in einen Wald. Dort suchten sie sich einen Platz, um zu schlafen. Da entdeckte der Hahn tief im Wald ein Räuberhaus. Die Tiere verjagten die Räuber aus dem Haus. Von nun an lebten die vier Freunde dort glücklich und zufrieden.

1. Unterstreiche alle Tiernamen.

2. Sind diese Sätze richtig ☑ oder falsch ☒?

a) Der Bauer brauchte den Hund nicht mehr, weil er zu alt und zu schwach geworden war. ☐
b) In Bremen wollte er wohnen. ☐
c) Der Esel und der Hund gingen zusammen nach Bremen weiter. ☐
d) Auf der Straße trafen sie eine Katze. ☐
e) Da saß am Weg ein Hahn auf einem Zaun. ☐
f) Der wollte auch mit nach Bremen. ☐
g) Gemeinsam wollten sie dort Geld verdienen. ☐
h) Die Tiere verjagten die Räuber aus dem Wald. ☐

3. Lies ganz schnell. Welche Wörter haben kein „en“ am Ende des Wortes? Unterstreiche sie.

Bremen – tragen – Esel – laufen – Katzen – gehen – machen – fangen – zusammen – Krallen – Katze – Bäuerin – wollen – leben – suchen – schlafen – entdecken – verjagen

4. Suche alle Wörter, die waagrecht versteckt sind, und markiere sie.

XESELKATZEXJÄGERXX
XBREMENHUNDLAUFEN
HAHNWALDXXXALTXX
XHAUSXMUSIKJAGEN
RÄUBERXXSCHLAFENX
SINGENXUNDLEBENXX

5. Kannst du lange Wörter lesen?

Räuber
Räuberhaus
Räuberhauseingang
Räuberhauseingangstor

Stadt
Stadtmusikant
Stadtmusikantengruppe
Stadtmusikantengruppenkonzert

Tanne
Tannenwald
Tannenwaldweg
Tannenwaldwegkreuzung

Hundehütte
Hundehüttendach
Hundehüttendachfarbe

6. In jeder Zeile ist ein Wort, das es nicht gibt.
   Markiere es.

a) Hund – Hunde – Hind – Hündin – Hand
b) wollen – Willen – wullen – Wellen
c) gehen – ging – gung – Gang – Gong
d) sehen – sah – sieh – sieht – so – suh
e) Dach – doch – duch – dich
f) leben – lieben – luben – loben

7. Lies die Sätze und bringe sie in die richtige Reihenfolge.

a) Der Bauer jagt seinen Esel fort. ▢
b) Die Tiere sind im Wald. Sie sind müde. ▢
c) Die Räuber laufen aus dem Haus. Sie haben Angst. ▢
d) Die vier Freunde sehen die Räuber im Räuberhaus. ▢
e) Der Hahn sitzt oben im Baum. Er sieht ein Haus. ▢
f) Jetzt haben die Tiere ein Zuhause und leben glücklich und zufrieden. ▢
g) Der Esel trifft einen Hund, eine Katze und einen Hahn. ▢

8. Kannst du diese Schriften lesen?

EIN ESEL WOLLTE NACH BREMEN GEHEN.
Der Bauer brauchte den Esel nicht mehr.
In Bremen wollte er Musik machen.
Er wollte Stadtmusikant werden.
Unterwegs traf er einen Hund.
Der Jäger hatte den Hund fortgejagt.
Auf der Straße trafen sie eine Katze.
Auch die Katze war alt.
Da saß am Weg ein Hahn.
SO ZOGEN SIE ZU VIERT WEITER.
Sie liefen den ganzen Tag.

Übung 8

Ein aufregender Schultag

Leopold kommt nach Hause. „Wie war es in der Schule?“, fragt seine Mutter. Leopold hat viel zu erzählen. Die Worte sprudeln nur so aus ihm heraus. „Es war super“, berichtet er. „Wir haben heute Fußball gespielt und ich habe fünf Tore geschossen.“ „Fünf Tore? Das ist ja eine tolle Leistung“, lobt seine Mutter.

„Außerdem habe ich in Mathematik null Fehler beim Rechentest“, erzählt Leopold stolz. „Na großartig“, lobt ihn seine Mutter wieder. „Nur das Diktat ist mir nicht so gut gelungen“, erklärt Leopold. „Ich konnte fünf Wörter nicht richtig schreiben. Ich glaube, da müssen wir ein bisschen mehr üben. Und stell dir vor, Elias hat heute seine Schulmilch fallen lassen. Die Milch ist auf seinem Tisch ausgelaufen, über sein Heft und gleich in die Schultasche hinein. Oh, das war schlimm. Elias war ganz verzweifelt und hat geweint und der Lehrer hat ihm beim Aufwischen der Milch geholfen. Aber das Heft, das kann er nun vergessen, das ist nämlich unbrauchbar geworden.“

„Oje“, sagt die Mutter mitfühlend, „das war sicher schlimm für Elias.“

„Außerdem war heute ein Polizist in der Schule. Stell dir vor, ein richtiger Polizist in Uniform. Er hat mit uns geübt, wie wir die Straße überqueren müssen. Weißt du, man muss immer nach links und rechts schauen, ob auch kein Auto kommt, wenn man über die Straße gehen will. Das gilt auch, wenn man auf einem Zebrastreifen die Straße überqueren will. Auch da muss man zuerst nach links und nach rechts gucken.“

Da läutet es an der Tür. „Ich mache auf“, ruft Leopold und flitzt gleich los. Wer ist an der Tür? Die Lösung findest du im Mosaik.

MMMMMMMMMMDERMMMMMMMMMMMMMMMM
MMMMMMMMMMMMMMMMMMSCHORNMMMMM
MMMMMMMMMMMMMMMMMMMMMMMMMMMMM
MMMMMSTEINMMMMMMMMMMMMMMMMMMMM
MMMMMMMMMMMMFEGERMMMMMMMMMMMMM
MMMMMMMMMMMMMMMMMMMMMMMMMMMMM
MMMMMMMMMMMMMMMMMMMMMMMMMMMMM

---

1. Kreuze nun die richtigen Antworten an.

1.1 Wie viele Tore hat Leopold geschossen?

a) eines ☐

b) fünf ☐

c) drei ☐

1.2 Wie viele Fehler hat Leopold beim Rechentest?

a) einen ☐

b) keinen ☐

c) drei ☐

1.3 Wie viele Wörter konnte Leopold nicht richtig schreiben?

a) keines ☐

b) zwei ☐

c) fünf ☐

1.4 Wer hat die Schulmilch fallen lassen?

a) Elias ☐

b) Thomas ☐

c) Leopold ☐

1.5 Wer war heute noch in der Schule?

a) ein Polizist ☐

b) ein Feuerwehrmann ☐

c) ein Pilot ☐

1.6 Was bedeutet „losflitzen“?

a) schnell rennen ☐

b) langsam gehen ☐

1.7 Was bedeutet „eine Straße überqueren“?

a) über eine Straße gehen ☐

b) eine Straße entlanggehen ☐

2. Was ist alles passiert an diesem Schultag?
Erzähle mündlich und achte auf die richtige Reihenfolge der Geschehnisse.

3. In jeder Reihe ist ein Wort, das nicht zu den anderen passt.
Finde es und streiche es durch.

a)	schauen	blicken	schlafen	gucken
b)	gehen	stapfen	schreiten	lächeln
c)	springen	merken	hopsen	hüpfen
d)	sprechen	sagen	rufen	helfen
e)	rennen	weinen	laufen	flitzen

Vergiss nicht, die neuen Wörter in deine Wörterliste einzutragen!

4. Immer drei Wörter bedeuten das Gleiche.
Finde sie und male sie in der gleichen Farbe an.

schnell	jammern	erwidern
entgegnen	flott	antworten
wimmern	klagen	flink
hügelig	rein	holprig
sauber	uneben	fleckenlos

Übung 9

Fuchs und Hase

Der Fuchs jagt ein Häschen. Das Häschen versteckt sich hinter einem Busch, dann hinter einem Baum. Der Fuchs steht vor dem Baum, aber er sieht das Häschen nicht.

Das Häschen rennt weiter und springt hinter einen Busch in ein Loch. Jetzt sitzt es drinnen und wartet.

Wo ist aber der Fuchs? Er sitzt vor dem Baum und wartet hungrig auf das Häschen. Wie lange wohl?

Wie wird die Geschichte weitergehen?
Wer kann länger warten, das Häschen oder der Fuchs?

1. Lies die Geschichte noch einmal und verwende statt „Häschen“ das Wort „Hase“.

2. Richtig ☑ oder falsch ☒?

a) Der Fuchs jagt ein Häschen. ☐

b) Das Häschen versteckt sich hinter einem Busch, dann hinter einem Baum. ☐

c) Der Fuchs steht unter einem Baum, aber er sieht das Häschen nicht. ☐

d) Das Häschen rennt weiter und springt hinter einen Busch in ein Loch. ☐

e) Jetzt sitzt es draußen. ☐

3. Lies die Wörter, die zusammenpassen. Ein Wort passt jeweils nicht.

Familie		Kinder
Zeitung	Hasen-	Braten
Geschichte		Fell

Familie		Kinder
Geschichte	Fuchs-	Braten
Jagd		Fell

4. Suche die Wörter waagrecht → und senkrecht ↓. Kreise sie ein.

A	B	U	S	C	H
H	A	S	E	B	C
F	U	C	H	S	D
E	M	L	O	C	H

5. Lies die kleinen Wörter ganz schnell.

der – ein – das – sich – dann – hinter – einem – vor – dem – Baum – aber – er – sieht – das – nicht

6. Finde neue Wörter mit anderen Buchstaben.

HASE

a) __ASE b) __ASE c) __ __AS

7. Welche Sätze stimmen nicht? Kreuze an.

a) Der Hase hat lange Ohren. ☐
b) Der Hase hat einen Stummelschwanz. ☐
c) Der Hase hat lange Hinterbeine. ☐
d) Der Hase hat einen Rüssel. ☐

Übung 10

Die Schnecke

Die Schnecke lebt auf feuchtem Boden. Die Schnecke hat zwei kurze und zwei lange Fühler. Die Schnecke hat zwei Augen auf den langen Fühlern. Die Schnecke frisst Blätter und Früchte. Die Schnecke kriecht auf Schleim. Die Schnecke legt bis zu 60 Eier. Eine Schnecke kann 12 Jahre alt werden. Das Schneckenhaus ist fest. Manche Vögel und Käfer fressen Schnecken.

1. Finde die richtigen ☑ und falschen ☒ Sätze.

a) Die Schnecke legt bis zu 100 Eier. ☐
b) Die Schnecke frisst Blätter und Würmer. ☐
c) Die Schnecke hat zwei kurze und zwei lange Fühler. ☐
d) Die Schnecke kriecht auf Schleim. ☐
e) Die Schnecke kann 10 Jahre alt werden. ☐
f) Das Schneckenhaus ist fest. ☐
g) Manche Vögel und Schlangen fressen Schnecken. ☐

2. Lies die Schneckenwörter.

Schnecken-

Tempo	Futter
Arten	Muster
Kinder	Eier
Fühler	Haus

3. Lies die kleinen Wörter ganz schnell.

im – von – gibt – es – viele – doch – keine – vorne – aus – dem – die – kleine – raus – bis – und – zwei – hat – auf – ist – fest – alt – den

4. Leserätsel: Wörter mit „ck“

De___el, So___en, Ku___u___, Schne___e, pa___en, Sa___, di___, Ro___.

5. Suche die Wörter senkrecht ↓ und waagrecht → und markiere sie.

K	S	X	X	X	X	X	X	X
Ä	C	A	U	G	E	N	X	X
X	H	A	U	S	X	X	X	X
F	N	A	H	R	U	N	G	X
X	E	I	E	R	X	X	X	Ü
R	C	F	Ü	H	L	E	R	R
X	K	S	C	H	L	E	I	M
F	E	I	N	D	E	X	X	E
X	X	B	L	Ä	T	T	E	R

Lesen ist Abenteuer im Kopf!

6. Kannst du diesen Text in die richtige Reihenfolge bringen?

<table>
<tr><td>Die Schnecke legt bis zu 60 Eier.</td><td>Die Schnecke hat zwei kurze und zwei lange Fühler.</td><td>Eine Schnecke kann 12 Jahre alt werden.</td></tr>
<tr><td>Manche Vögel und Käfer fressen Schnecken.</td><td>Die Schnecke lebt auf feuchtem Boden.</td><td>Die Schnecke hat zwei Augen auf den langen Fühlern.</td></tr>
<tr><td>Das Schneckenhaus ist fest.</td><td>Die Schnecke kriecht auf Schleim.</td><td>Die Schnecke frisst Blätter und Früchte.</td></tr>
</table>

Übung 11

Kannst du dir den Garten mit den Luftballons und den Lichterketten vorstellen?

Eine Geburtstagsparty mit Wasti

Silke hat heute Geburtstag und deshalb hat sie fünf Freundinnen eingeladen. Der Garten ist mit bunten Luftballons und Lichterketten geschmückt.

Papa ist für das Essen zuständig. Er grillt Würstchen. Wasti ist der Hund von Silke, ein zotteliger Bobtail. Wastis Lieblingsspeise sind Würstchen. „Du bleibst besser in deiner Hundehütte“, erklärt Papa dem Hund.

Wasti verkriecht sich daraufhin schmollend in einer Ecke seiner Hütte. „Na dann schaue ich eben nur ein bisschen zu“, denkt Wasti und ist aber gleich darauf eingeschlafen.

Kannst du dir vorstellen, wie Papa zu Wasti spricht? Kannst du es im Kopf hören?

Papa bereitet alles zum Grillen vor. Die Grillkohle kommt auf den Grill, die Würstchen auf eine Grillschale. Bald ist die Kohle ganz weiß und hat die richtige Temperatur zum Grillen. Jetzt kommen die Würstchen auf den Grill. Papa dreht sie regelmäßig um, damit sie schön gleichmäßig braun werden.

Schon nach kurzer Zeit duftet es im Garten herrlich.

Kannst du dir vorstellen, wie die Würstchen schmecken?

Der Duft weht auch zu Wasti hinüber.
„Was riecht hier so gut?", schnüffelt er und ist gleich hellwach.

„Hmm, es gibt Würstchen", stellt Wasti fest und das Wasser läuft ihm schon im Mund zusammen. Mit einem Schlag hat er vergessen, dass er eigentlich in der Hundehütte bleiben soll. Wasti macht sich auf die Suche und entdeckt schon bald die Würstchen. Papa ist ganz kurz weggegangen und deshalb ist die Beute unbewacht. Wasti springt hoch, beißt geschickt in den Rand der Schale und schon liegen die Würstchen auf dem Boden.

Wasti freut sich und wedelt wie wild mit dem wuscheligen Schwanz.

Ein Würstchen nach dem anderen wandert in seinen Bauch und schon sehr bald sind alle Würstchen verspeist.

Wasti hat auf einmal ein schlechtes Gewissen, als er sein Herrchen kommen sieht. Also verschwindet er schleunigst in seiner Hundehütte und verkriecht sich in der äußersten Ecke.

Papa steht erstaunt vor dem leeren Grill.
„Das gibt's doch nicht!", sagt er verblüfft. „Das kann nur Wasti gewesen sein!"

1. Trage die neuen Wörter in die nachfolgende Liste ein und übertrage sie auch in deine Wörterliste hinten im Heft.

Neues Wort:	Bedeutung:

2. Überlege, wie die Geschichte weitergehen könnte.

3. Beantworte die Fragen und kreuze die richtige Antwort an.

3.1 Wieso findet eine Geburtstagsparty statt?

a) weil Papa Geburtstag hat ▢ (KUR)

b) weil Wasti Geburtstag hat ▢ (LUK)

c) weil Silke Geburtstag hat ▢ (DUB)

3.2 Wie viele Freundinnen hat Silke eingeladen?

a) zwei ▢ (UST)

b) fünf ▢ (IST)

c) zehn ▢ (AST)

3.3 Womit ist der Garten geschmückt?

a) mit bunten Luftballons und Lichterketten ▢ (EIN)
b) mit Lampions ▢ (KUN)
c) mit Girlanden ▢ (SIN)

3.4 Was grillt Papa?

a) Fleisch ▢ (LAR)
b) Würstchen ▢ (ERI)
c) Mais ▢ (SOD)

3.5 Wer ist Wasti?

a) der Hund ▢ (CHT)
b) ein guter Freund ▢ (SCH)
c) eine Schildkröte ▢ (SIE)

3.6 Wo soll Wasti während der Party bleiben?

a) im Haus ▢ (ILE)
b) in der Hundehütte ▢ (IGE)
c) bei der Nachbarin ▢ (ICH)

3.7 Was ist Wastis Lieblingsspeise?

a) Vanillepudding ▢ (LIS)
b) Hamburger ▢ (LOS)
c) Würstchen ▢ (LES)

3.8 Was stellt Wasti an?

a) Er geht ins Planschbecken schwimmen. ☐ (NUR)

b) Er frisst die Grillwürstchen. ☐ (ERA)

c) Er beißt Silke. ☐ (ARA)

3.9 Wie viele Würstchen frisst Wasti?

a) alle ☐ (TTE)

b) eines ☐ (TTO)

c) keines ☐ (TTI)

4. Neben jeder Antwort stehen drei Buchstaben in Klammern. Trage die Buchstaben der richtigen Antwort der Reihenfolge nach in die Kästchen ein, dann erhältst du einen Lösungssatz. Wie lautet er?

☐☐ ☐☐☐☐ ☐☐☐☐

☐☐☐☐☐☐☐☐

☐☐☐☐☐☐☐☐☐

URKUNDE

Hiermit ernennen wir

zur

Leseratte

Du hast erfolgreich am Lesetraining 2 teilgenommen.

Herzlichen Glückwunsch!

Ort und Datum

Lehrkraft

Neues Wort:	Bedeutung:	Ein Satz mit dem neuen Wort:
Leseratte	jemand, der sehr gut und viel liest	Ich bin eine Leseratte.